陽城湯廟碑拓文選

中國先秦史學會
《析城山文化叢書》編委會 編

文物出版社

封面設計　隗　偉
責任印製　陸　聯
攝　　影　宋朝偉
　　　　　王　偉
責任編輯　李　諍

圖書在版編目（CIP）數據

陽城湯廟碑拓文選／中國先秦史學會，《析城山文化叢
書》編委會編．－北京：文物出版社，2012.8
　（析城山文化叢書）
　ISBN 978-7-5010-3497-0

　Ⅰ．①陽…　Ⅱ．①中…　②析…　Ⅲ．①碑刻－拓片－
晉城市－商代－圖集　Ⅳ．①K877.422

　中國版本圖書館CIP數據核字(2012)第155597號

陽城湯廟碑拓文選

中　國　先　秦　史　學　會
　　　　　　　　　　　　　　　編
《析城山文化叢書》編委會
＊
文　物　出　版　社　出　版　發　行

北京市東直門內北小街二號樓
郵政編碼：100007
http://www.wenwu.com
E-mail：web@wenwu.com
北京燕泰美術製版印刷有限公司製版
北京盛天行健藝術印刷有限公司印刷
新　華　書　店　經　銷
889×1194　1/16　印張：13
2012年8月第1版　2012年8月第1次印刷
ISBN　978-7-5010-3497-0　定價：180.00圓

《陽城湯廟碑拓文選》編委會

主　　編：范忠勝

執行主編：王小聖

編　　輯（以姓氏筆畫爲序）

　　　　　牛安勝　　張學敏　　武忠明

序

　　山西省陽城地區，許多村鎮鄉里或名山崇峻間都建有商湯廟，自宋元以來有記載的即達三百八十多處，至今尚保存有百處以上。陽城毗鄰的澤州及鄰近的高平市，也有一些商湯廟，如始建於元代的澤州西太陽村的湯帝廟，始建於宋代的高平市馬村鎮康營的成湯廟，等等，但就其分佈地域而言，可視爲陽城商湯廟落群的外延散佈點。許多湯廟中還保存有大量碑碣、門額和楹聯，不少出自歷代名人之手，具有重要史學、文學與書法藝術價值。

　　商湯是三千年前商王朝的開國之君。《竹書紀年》說："湯有七名而九征。"歷史文獻中商湯的名字有稱"天乙"（《殷本紀》）、"成湯"（《尚書·酒誥》）、"湯"（《世本》）、"唐"（《歸藏》）、"武湯"（《詩·商頌·玄鳥》）、"武王"（《詩·商頌·長發》）、"履"（《墨子·兼愛》）。商周甲骨金文與戰國簡牘中則稱之"大乙"、"成"、"唐"、"成唐"、"成康"、"康"等。據史傳，商湯的建國方略，在於唯賢是用，立"湯之官刑"（《墨子·非樂上》）推行法治，努力爭取四方異姓國族的歸附，以德獲取民心擁戴，壯大了商族的力量，終於伐滅暴夏，建立"四方之極"的商王朝。《史記·夏本紀》稱"湯修德，諸侯皆歸商。"《墨子·非攻下》說："湯奉桀衆，以克有（夏），屬諸侯於薄（亳），薦章天命，通於四方，而天下諸侯莫不賓服。"《呂氏春秋·用民》直稱"湯武非徒能用其民也，又能用非己之民。"清華戰國簡《尹誥》簡文謂商湯揚棄"夏之金玉日（實）邑"，而採納了"致衆於亳中邑"。凡此正是商湯成功開創商國大業的關鍵所在，成爲後世帝王的楷模，這也是商湯深受後人景仰的原因。

　　商湯的"民本"理念，曾經在一場曠日持久的天旱大災中得到彰顯。《墨子·七患》云："湯五年旱，此其離（罹）兇餓甚矣。"《尸子》云：商湯"救旱也，乘素車白馬，著布衣，身嬰白茅，以身爲牲，禱於桑林之野。"《淮南子·主術訓》說："湯之時，七年旱，以身禱於桑林之際，而四海之雲湊，千里之雨至。"《呂氏春秋·順民》有所謂湯禱旱文云："昔者湯克夏而正天下，天大旱，五年不收，湯乃以身禱於桑林，曰：余一人有罪，無及萬夫，萬夫有罪，在余一人，無以一人之不敏，使上帝鬼神傷民之命。於是剪其髮，酈其手，以身爲犧牲，用祈福於上帝……雨乃大至。"講商湯爲了抗禦大旱，甘願犧牲自我，象徵性地剪髮斷指甲禱雨，爲民祈福求平安。

　　商湯桑林禱雨的地點，據《陽城縣志》卷一云："《禹貢》冀州之域析城、王屋並在縣境。商冀州之域相傳爲畿內地，曰桑林，湯禱雨處。"又云：

"析城山，在縣西南七十里……樂史《寰宇記》云：山頂有湯王池，相傳成湯禱雨處。池四岸生龍須草，今則禱雨輒應，每仲春數百里外皆來湯祠取神水，歸以祈有年。"陽城域內析城山有所謂桑林及湯祠、湯王池等遺迹，相傳爲商湯禱雨處，宋代每逢仲春之時猶見追祭活動。析城山湯廟原保存有北宋徽宗政和六年（1116年）四月鐫刻的《勅封碑》，文云："勅中書省、尚書省三月二十九日奉聖旨，析城山商湯廟可特賜廣淵之廟爲額，析城山山神誠應侯可特封嘉潤公。奉勅澤州陽城縣析城山神誠應侯。……言念析山，湯嘗有禱，齋戒發使，矢於爾神，雨隨水至，幽暢旁浹，一洗旱沴，歲用無憂。夫爵以報勞，不以人神爲間也，進封爾公，俾民貽事，可特封嘉潤公。"山西省陽城地區在商代屬於王畿區範圍，這一帶流傳着三千多年前的商代開國之君商湯的傳說故事，以及歷代祭祀商湯的大量遺迹與遺存，應該是有一定的史影背景的。

　　陽城地區以商湯廟落古建群及其歷代碑碣爲主體的"商湯文化資源"，源遠流長，文脈清晰。湯廟、湯祠及商湯行宮等古建的年代可上追到宋元以前，數量衆多、廟落密佈，爲全國之最，是珍貴的歷史文物遺迹和非常值得珍視的地方文化遺產，也是極爲難得的有待全面保護和有序開發的人文景觀資源，全國沒有第二位可比，絕無僅有，是唯一性的！這是陽城獨具特色的地方專有文化名片。

　　文化因人而產生，當其作爲傳統以後，文化一直是在撫育着人類。文化問題從來就是關係全局、關係長遠、關係根本利益的問題，歸根結底是科學發展的問題。重視對現存湯廟、湯祠及商湯行宮等古建群的分佈現狀及其碑碣等文化資源的調研，有助於促進"陽城商湯文化資源"的保護、開發與弘揚，擴大地方歷史文化遺產的知名度，可以促進當地的文化開發，但根本出發點是爲建設好、保護好居住在這裏的人們的生活家園與精神家園，包括物質環境、生態環境、生活環境和文化環境，激發陽城人民的"歸屬感"、"自豪感"與"責任感"，激勵陽城人民建設家園的積極性與創造性，造福當代，功在民生。

　　陽城商湯廟落群文化，深深根植於鄉土民俗的社會生活中，對外產生着無限的文化魅力。我們衷心期望陽城地方政府和人民能够大力弘揚陽城商湯文化，珍視、保護、傳承、開發、利用好這份全國唯一性的歷史文化資源，圍繞彰示商湯廟落群分佈的人文遺產與鄉土勝迹，做好"陽城商湯文化"這篇大文章，利用好相關的有形和無形"歷史文化財產"，精心維護陽城商湯歷史文化遺迹與生存環境，保護開發民間民俗資源，全面規劃、逐步建設好相關配套設施，爲促進陽城地區社會經濟發展和文化繁榮而不懈努力。

宋鎮豪

寫於中國社會科學院歷史研究所

前　言

　　陽城地處太行、太嶽、中條三山交會之處，境內山高嶺峻溝壑縱橫。西南有名山析城、底柱、王屋，名載《禹貢》；西北有名澤，屢見於典籍，名稱濩澤。典籍記載，商初大旱，成湯曾禱雨於此，因即獲休應，民困紓解，又作《大濩》、《桑林》之樂以慶祝。爲紀念成湯不惜以自身作犧牲爲民請命的恩德，邑人在境內建造成湯大廟。原先在析城山及其周邊村落修建，後逐漸遍佈全縣。特別是熙寧十年（一〇七七）五月宋神宗封析城山神爲誠應侯、政和六年（一一一六）宋徽宗加封析城山神爲嘉潤公並特賜析城山商湯廟“廣淵之廟”匾額後，其影響迅速在鄰縣鄰省擴展開來，以至形成了一個“南至於南河之南，北距太原之邊，東極東都，西抵潼關”的析城山祈雨圈，“四方請水以禱旱者，歲以萬計”。這種來自百里千里之外、動輒千人萬人的禱雨聲勢更激發了邑人對商湯的崇拜，於是各村競相修建成湯廟，到明清時已經形成了“里里皆有湯廟”的局面。其實這還只是一個保守的估計，據有關文獻記載和今天的實地考察，不唯里社所在的大村建有湯廟，許多里下所屬的山莊也建有自己的湯廟。至於鄰縣鄰省所建的所謂“湯帝行宮”，也在逐漸擴大和增多。析城山湯廟原存一通元至元十七年（一二八〇）三月勒石的方碣，上刊山西、河南兩省二十二個州縣所建成湯行宮八十四道。從元至元年間到二十世紀三十年代的六百六十多年中又建有多少湯帝行宮，現在已難以稽考，但可以肯定的是在這六百多年中陽城又先後出現了幾次興修湯廟的高潮。

　　湯廟最初僅是祭祀成湯之神祠，後來逐漸成爲里社春祈秋報之場所，成爲村莊首腦會商處理公衆事務的政治中心，庶民百姓禱告諸神護祐尋求精神寄託的心理療養所。千百年來，湯廟已融入了百姓生活，祭祀禱告於湯廟已成了黎民日常生活中不可或缺的一項內容。廟中凡有大事舉行，必然刻石記事，因此湯廟中碑碣甚多。雖經千百年風雨剝蝕，屢次兵燹的摧殘以及上世紀六七十年代“文化大革命”的“搗毀”，這些廟宇和碑石仍然有一部分幸存了下來。這些爲數不多的遺存，正是我們今天可利用的珍貴資源。

　　爲了弘揚中華民族的優秀文化傳統，全面保護和有序開發地方文化資源，隨着析城山文化的深入挖掘，我們對陽城湯廟進行了一次認真的調查考證，結果發現陽城現存湯廟仍有百餘座，廟中所存碑碣仍有三百八十多通。我們對現存碑碣都拍攝了照片，並選其中部分保存較好的錘製了拓片，今將這些拓片輯錄成冊，題名《陽城湯廟碑拓文選》正式出版，以饗廣大讀者。

　　歲月失語，唯石能言。這本《陽城湯廟碑拓文選》所選碑拓，上起宋金，下迄二十世紀三十年代，時間跨越八百多年，碑文所記內容涉及鄉村百姓生活的方方面面，是自十二世紀以來陽城人民生活的真實記錄。研究這些碑拓，不但可以擴展商湯文化的研究內容，而且可以進一步瞭解千百年來中國底層人民的生活狀況，進一步瞭解中華民族生存和發展的歷史，進一步瞭解廣大人民群眾的願望和信仰。這對商湯文化的研究將有所裨益，對當前經濟建設以及和諧社會的建設也將有所裨益。

《析城山文化叢書》編委會

二○一二年七月

目　录

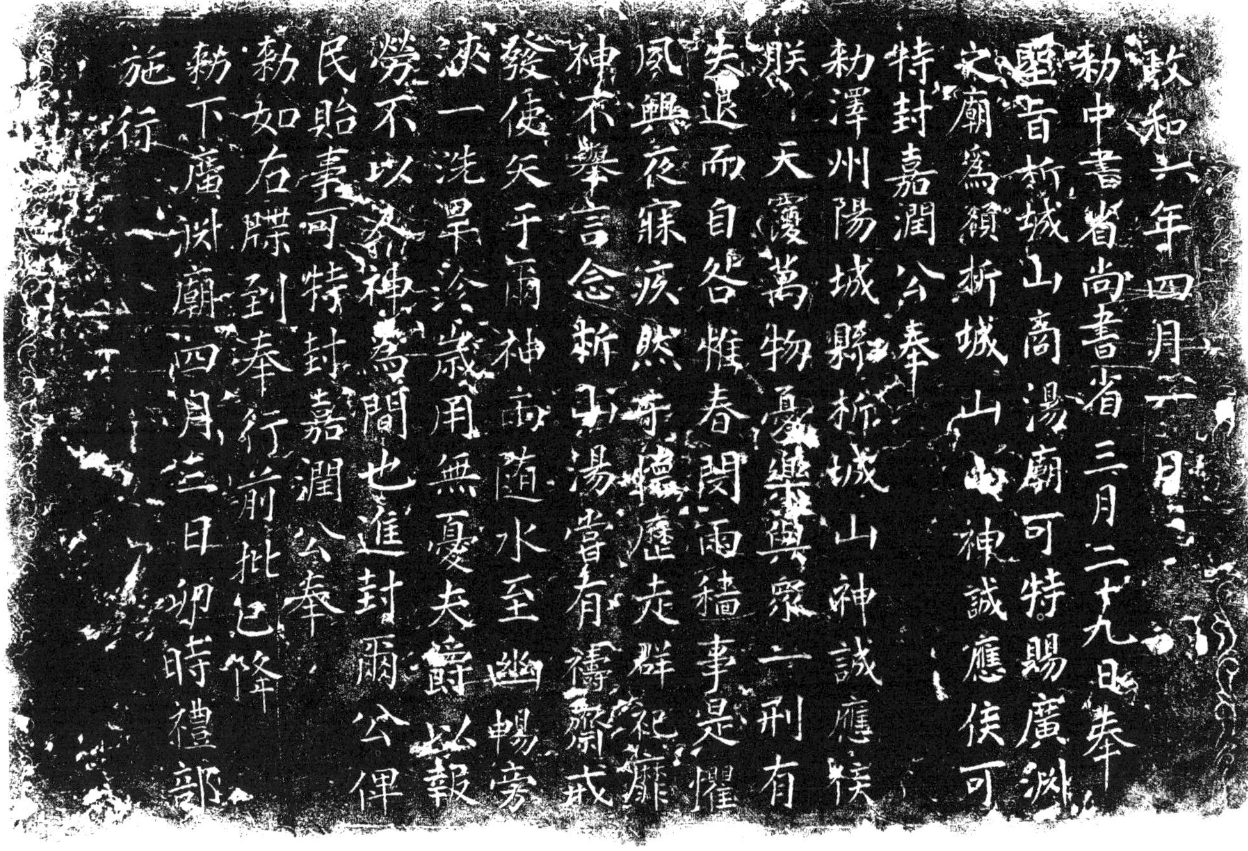

政和六年四月□月□□
勅中書省尚書省三月二十九日奉
聖旨析城山高湯廟可特賜廣淵
文廟為額析城山山神誠應侯可
特封嘉潤公奉
勅澤州陽城縣析城山神誠應侯
朕覽天覆萬物憂樂與眾一刑有
夫退而自咎惟春閒雨稽事是懼
神不舉言念新玕湯嘗有禱齋戒
風興夜寐疾然奇走群祀靡
發使矢于雨神而隨水至幽暢旁
沫一洗炎歲用無憂夫爵以報
勞不以及神為間也進封爾公俾
民貽事可特封嘉潤公奉
勅如右牒到奉行前批已降
勅下廬州廟四月三日卯時禮部
施行

圖一　宋代勅封碑

1

圖二　湯帝行宮碑記

圖三　析城山新廟碑記

圖四　補修廣淵廟宇碑記

圖五　成湯廟化源里增修什物碑記

圖六　重修下交神祠記

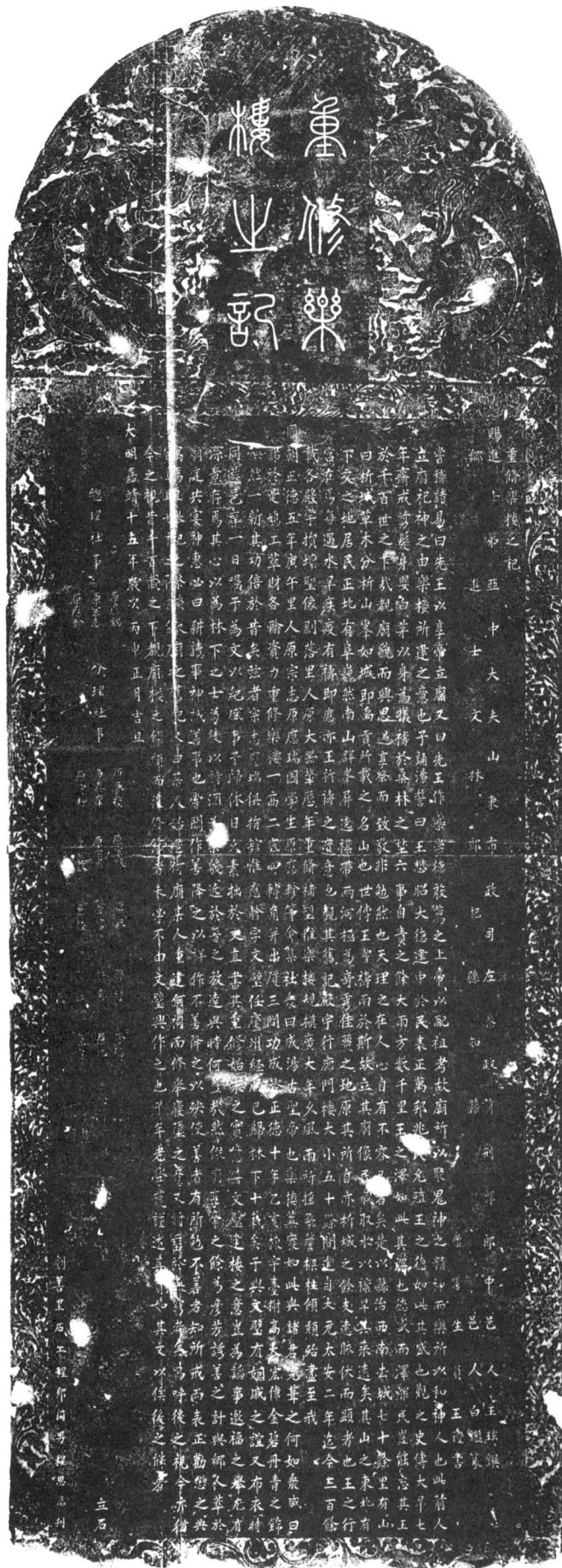

圖七　重修樂樓之記

圖八　重修正殿廊廡之記

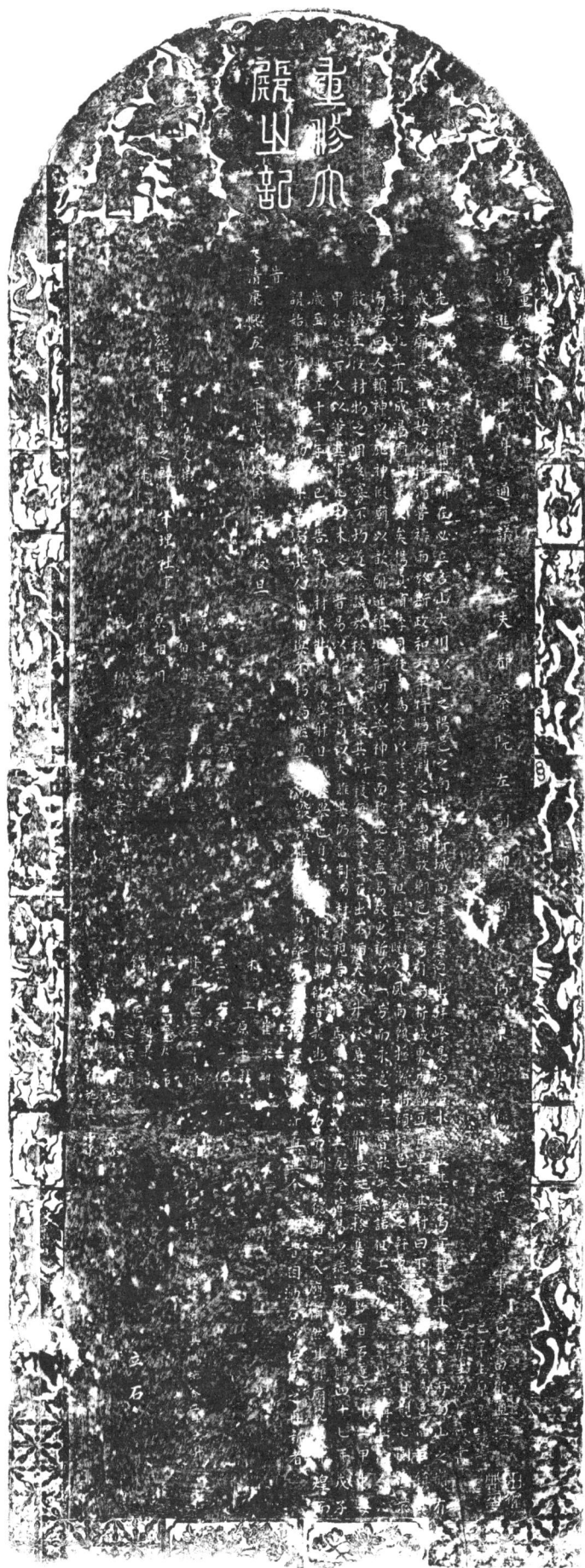

圖九　重修大殿碑記

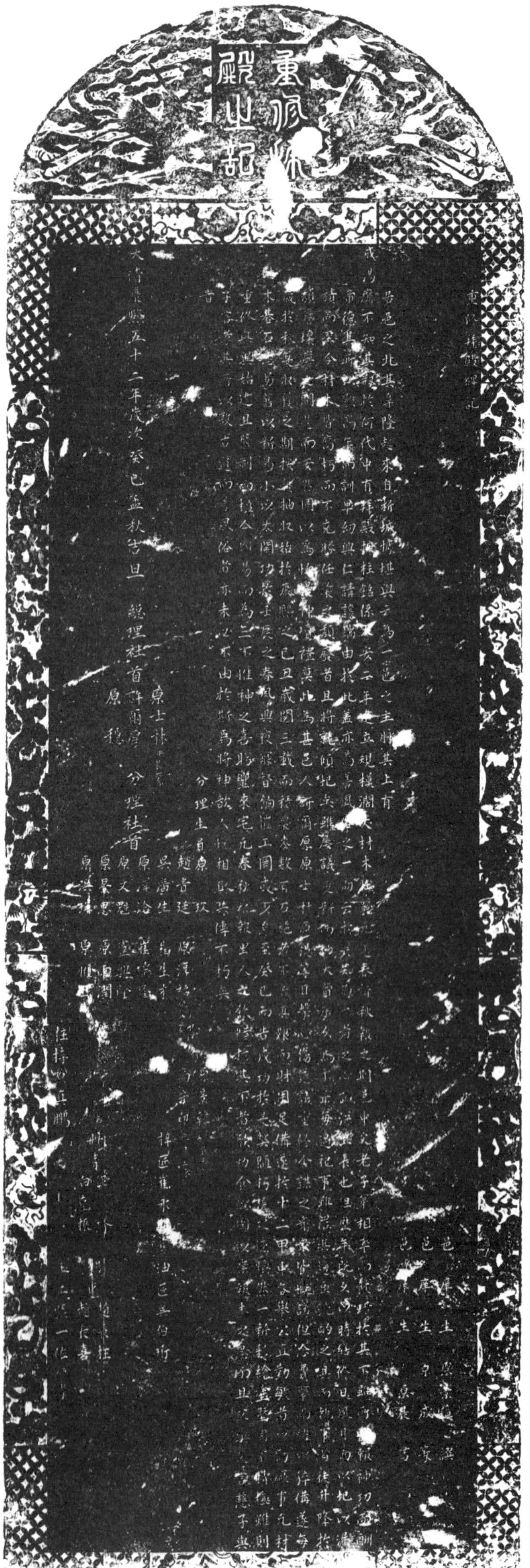

圖一〇　重修拜殿碑記

圖一一　重修東半神祠碑記

圖一二　下交村重修廟記

圖一三　郭谷鎮重建大廟記

圖一四　重展成湯廟記

圖一六　改建大殿刱東西偏殿及殿前拜墀門外廈壁碑記

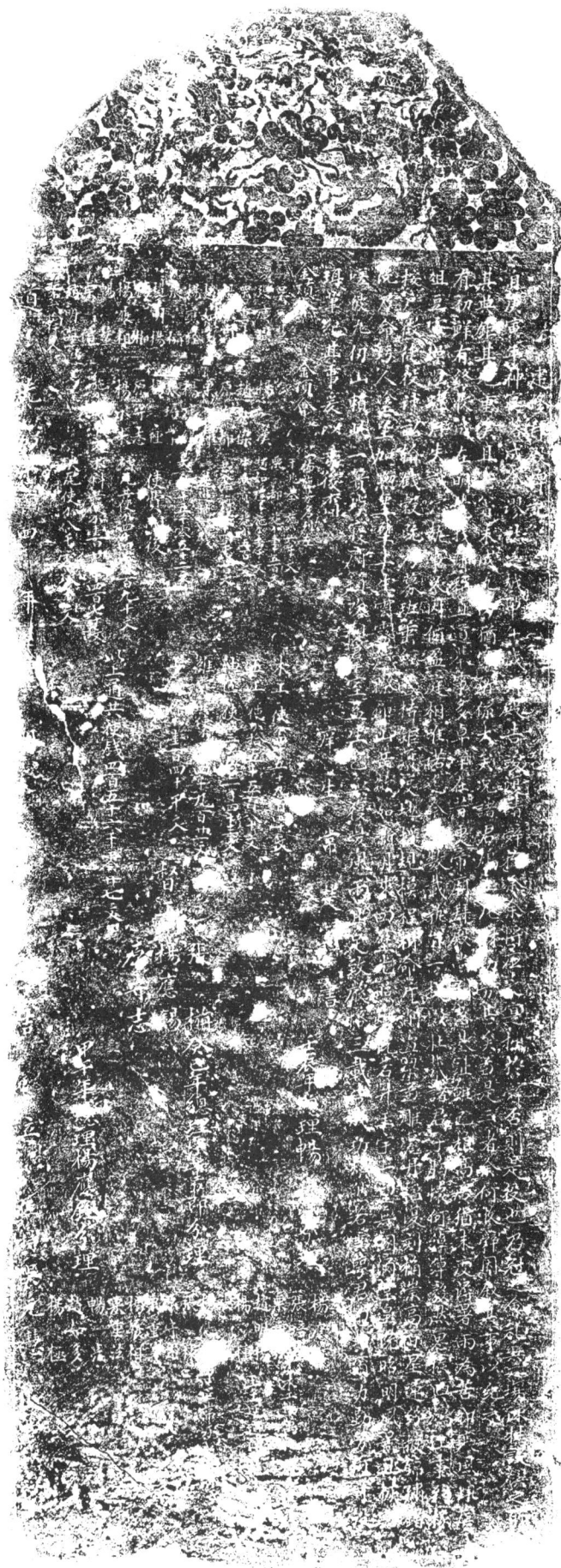

圖一七　修建拜殿碑記

圖一八　拜亭賦碑

圖一九　金粧正殿油畫各拜亭記

圖二〇　重修東西客房看樓鐘鼓樓山門門外市房
並補葺一切碑記

20

圖二一　重修湯帝殿關王殿碑記

圖二二　上佛里大廟興造記

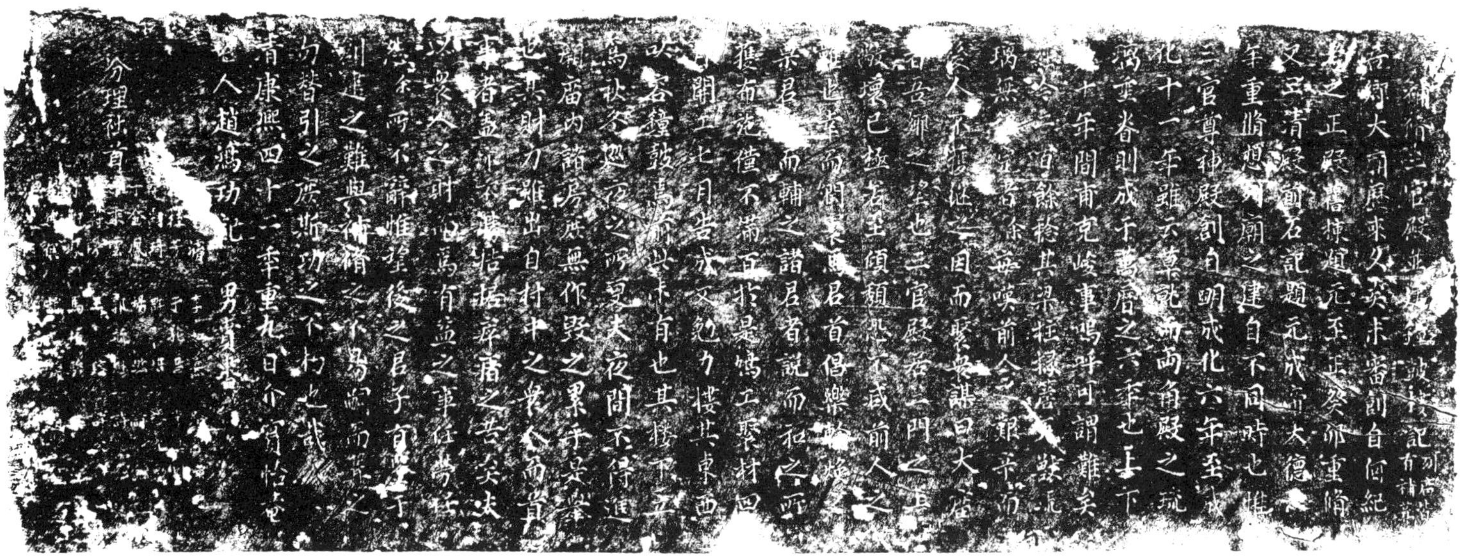

圖二三　補修三官殿並建鐘鼓樓記

圖二四　上佛村重修大廟創建文廟碑記

圖二五　王村重修成湯廟記

圖二六　補修成湯廟記

圖二七　增補成湯社廟誌

圖二八　重修成湯關帝白龍財神張仙創修風神並東西廊房碑記

圖二九　重修大殿創修舞樓南樓西樓小東房碑記

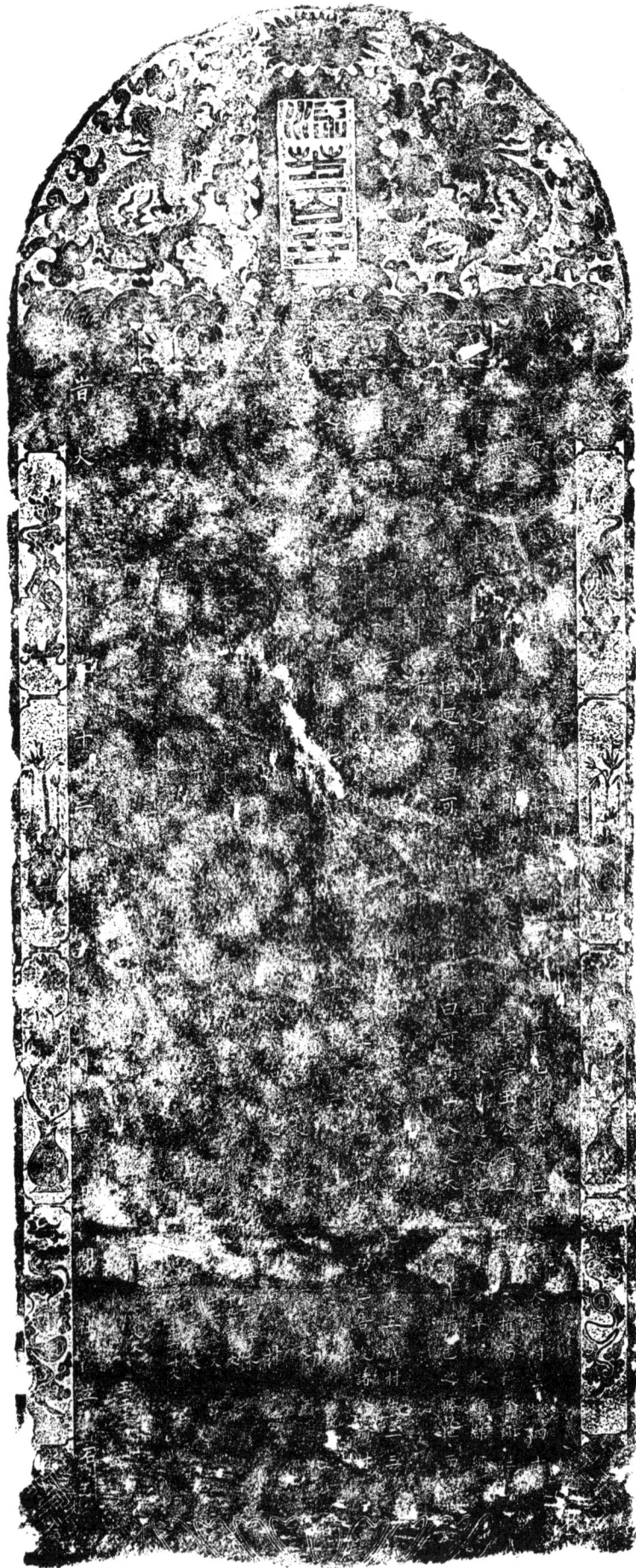

圖三〇　重修高禖殿東西看樓禪室門樓碑記

圖三一　補修龍牛王殿並東柵旁碑記

圖三二　補修正殿獻庭彩畫□□碑記

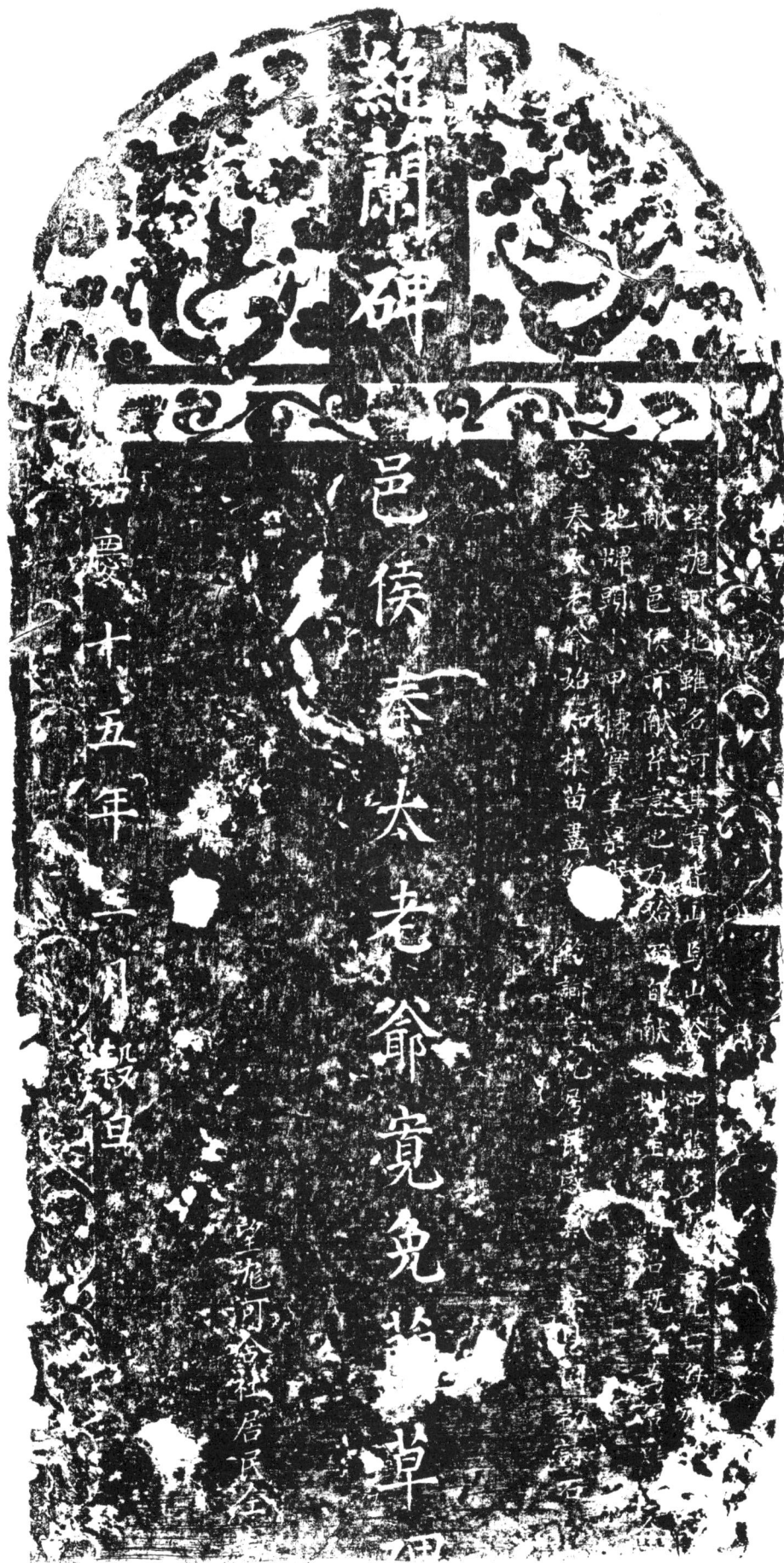

圖三三　邑侯秦太老爺寬免蘭草碑

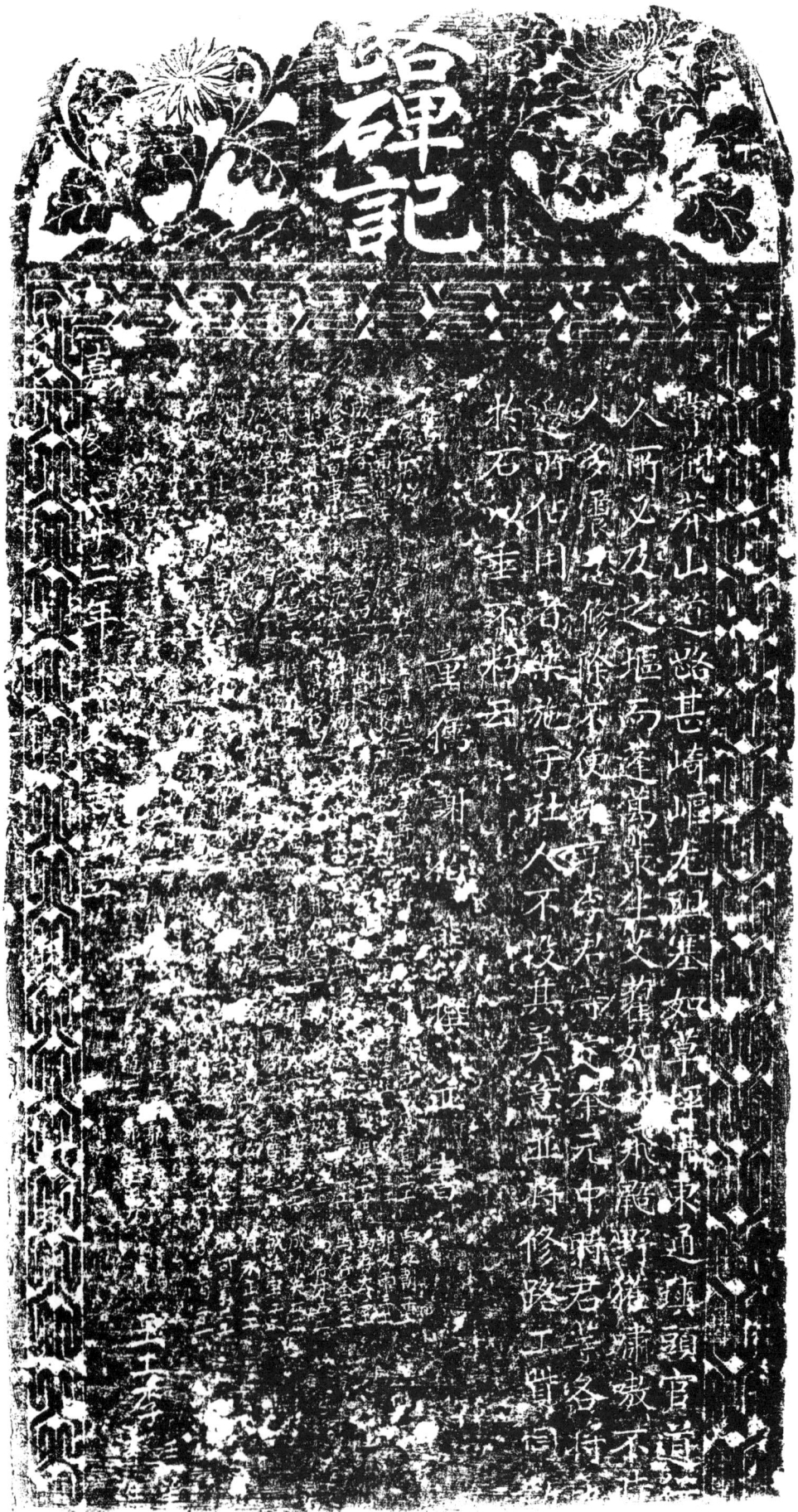

圖三四 施地修路碑記

圖三五　重修碑記

圖三六　擴修湯廟舞樓碑記

圖三七　增修山門雲梯碑記

圖三八　補修山神大殿及山豬為害碑記

圖三九　重修成湯廟記

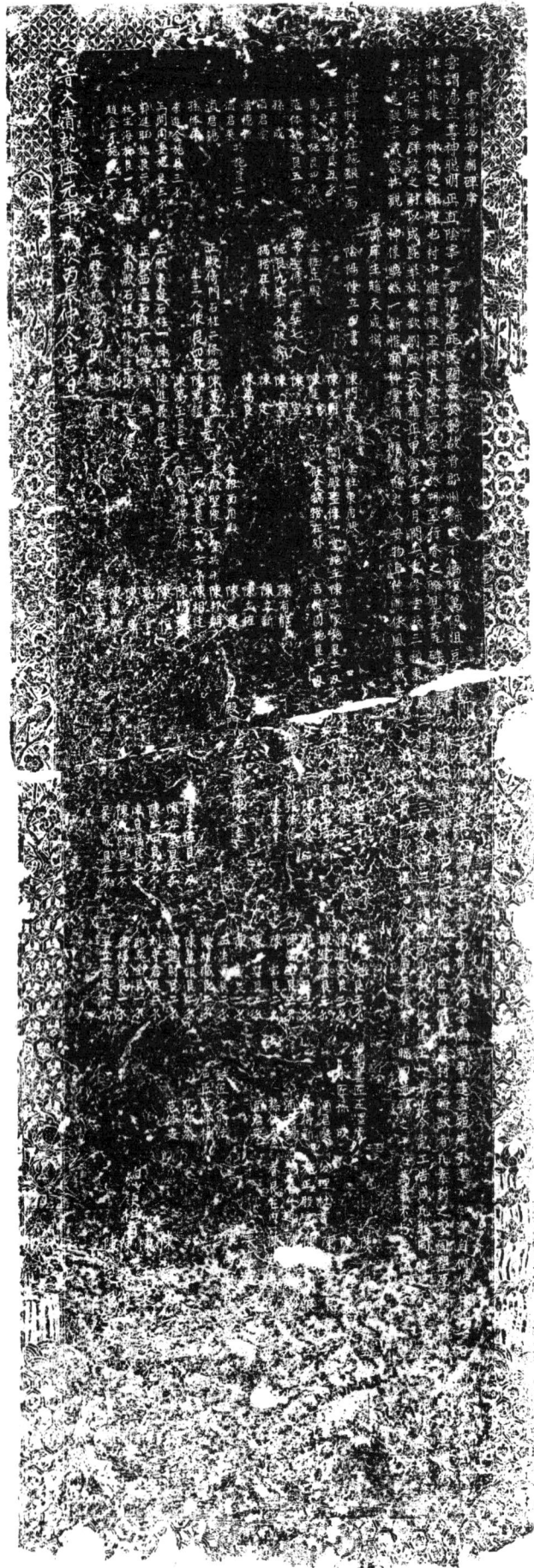

圖四〇　重修湯帝廟碑序

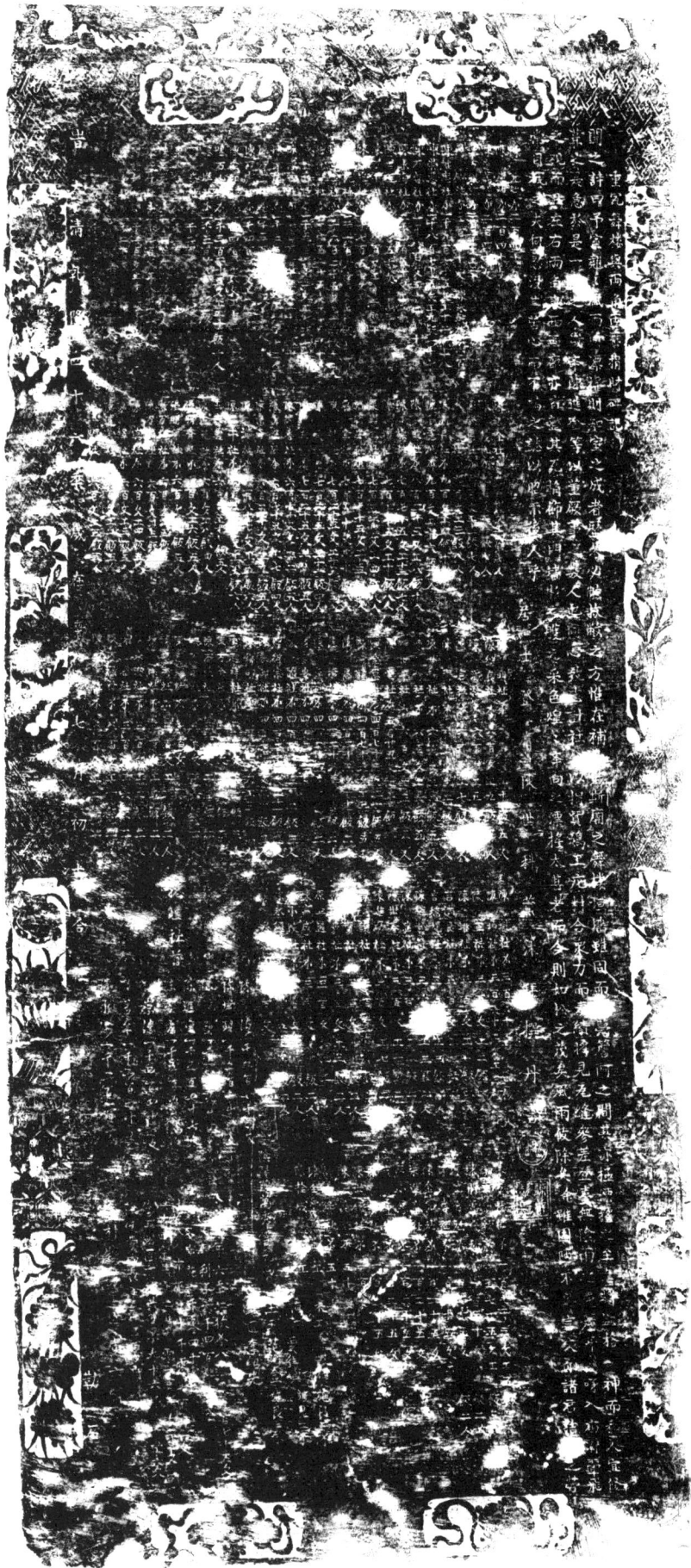

圖四一　重瓦舞樓與兩角兩廊捐財碑記

圖四二　重修成湯聖帝廟碑銘

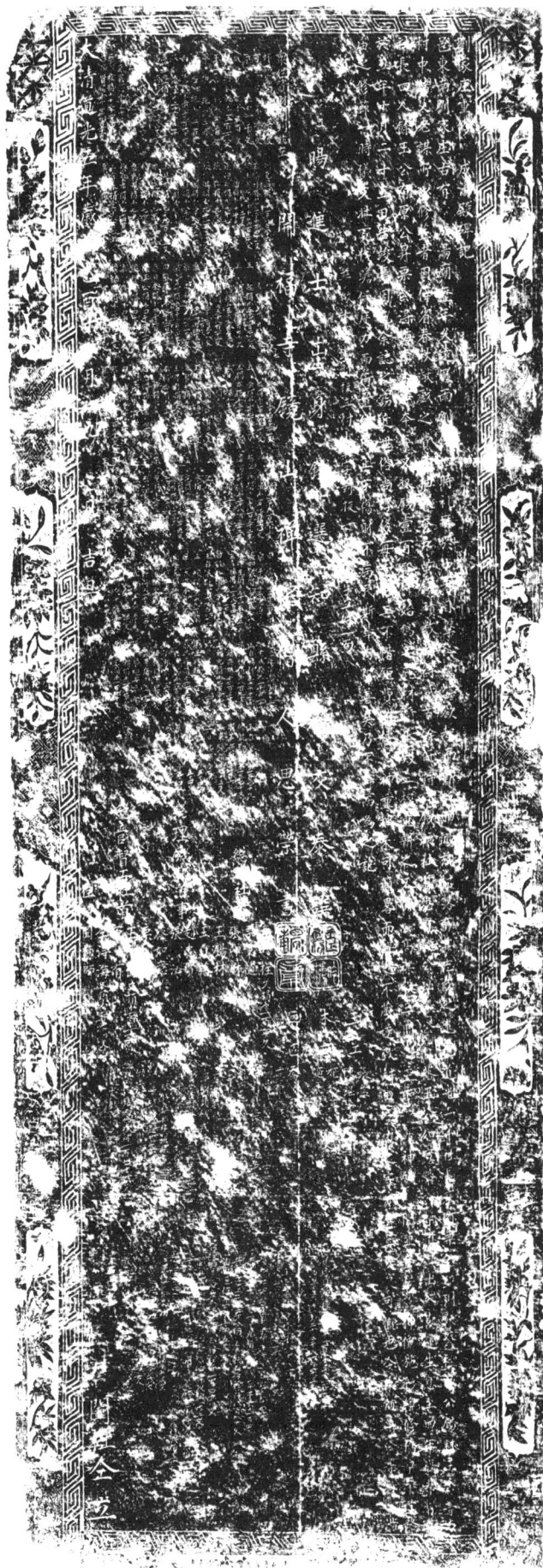

圖四三　劉家莊重修成湯殿碑記

圖四四　成湯廟修整殿宇及添修廟中房屋間數碑記

圖四五　重修成湯廟記

圖四六　補修西房西看樓碑記

當大清光緒拾秋
道光柒年八月通義里創修祈報獻殿記

圖四八　增祀風雨山川並創修山樓記

圖四九　成湯廟咽喉神祠修葺碑記

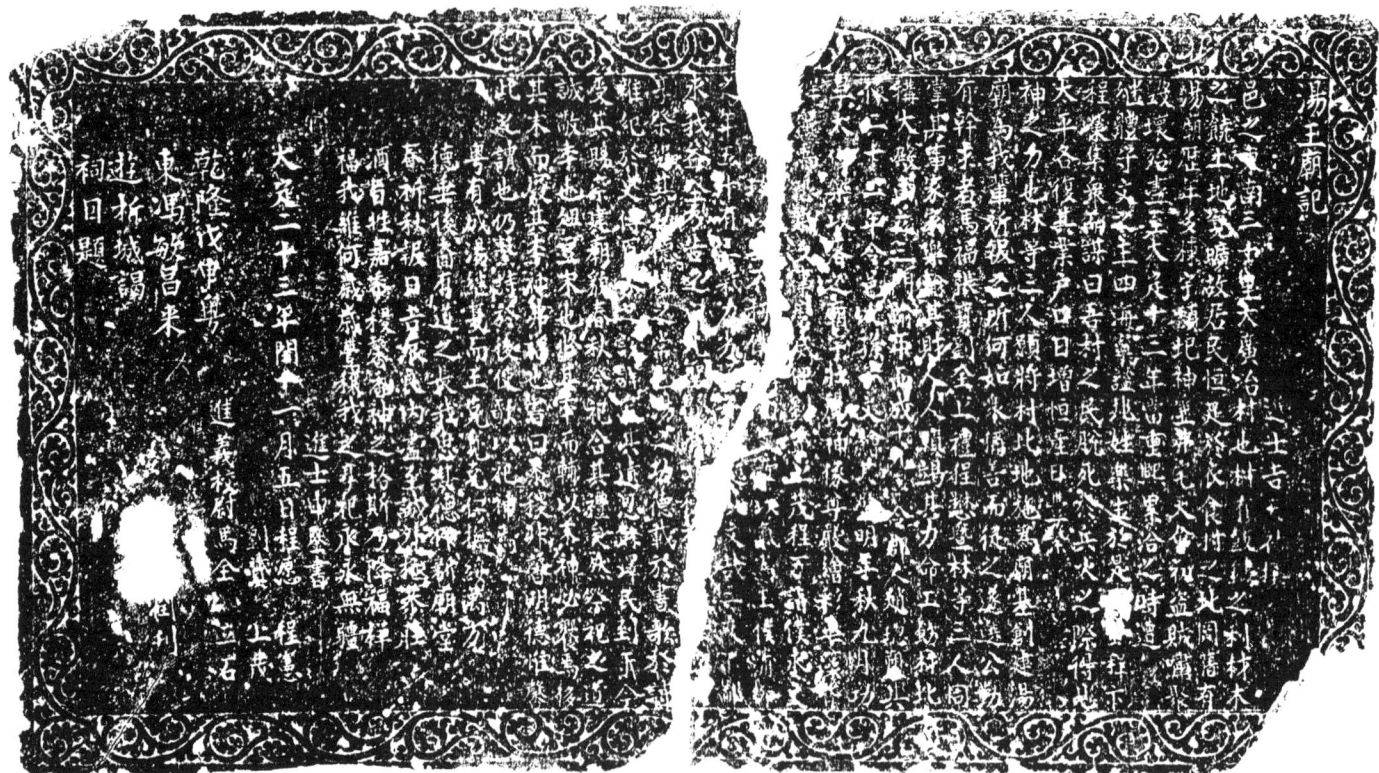

圖五〇　湯王廟記

圖五一　重修湯帝廟中社碑記

圖五二　重修湯帝廟西社碑記

圖五三　重修湯王廟記

圖五四　重修碑記

54

圖五五　重修成湯大殿並兩角殿碑記

圖五六　重修上帝閣碑記

圖五七　繪畫舞樓修天棚序並大門小門二角屋碑記

圖五八　荒年碑記

圖五九　重修碑記

圖六〇　補修大廟山神廟並創修西院碑記

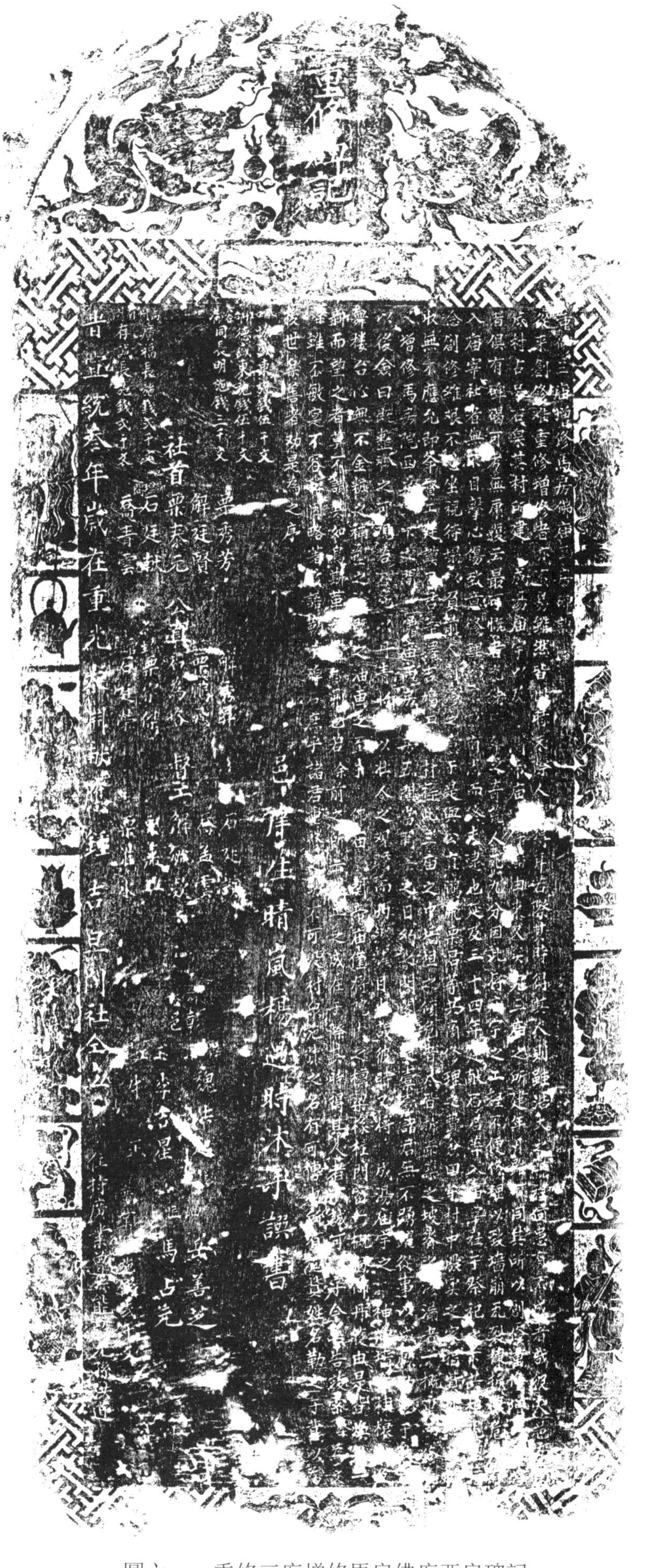

圖六一　重修三廟增修馬房佛廟西房碑記

圖六二　補修殿宇並創修暖閣圍屏天棚記

圖六三　創修碑記

圖六四　創建成湯廟並移修佛堂以及東西角殿碑記

圖六五　重修西廊南角表岩砌路碑記

　　　　圖六六　重修成湯聖殿牛王神祠碑序

圖六七　重修成湯廟碑記

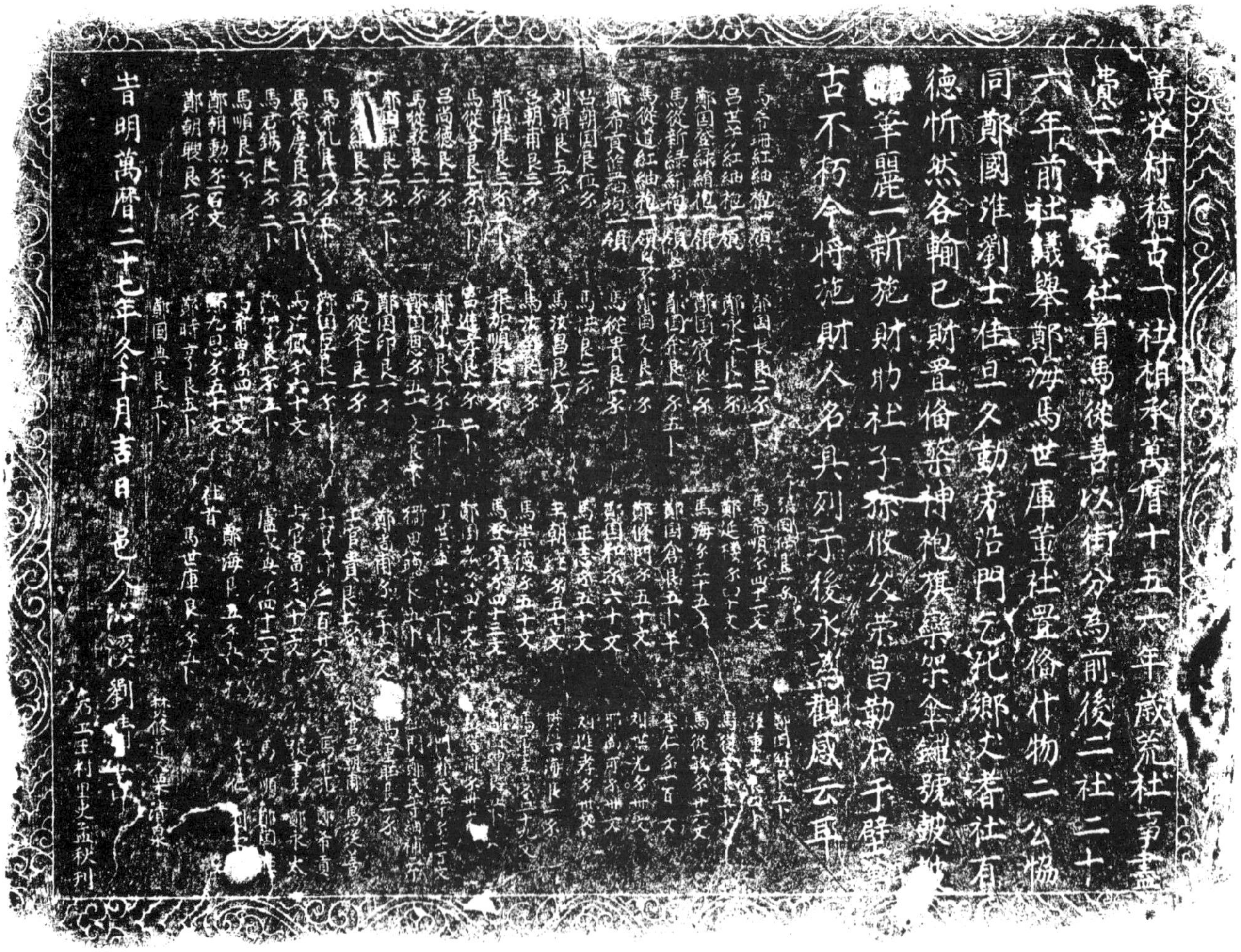

萬浴村稽古一祉胡承萬曆十五六年歲荒社事盡
虞二十□年社首馬從善以街分為前後二社二十
六年前社鐵舉鄭海馬世庫董社置傢什物二公協
同鄭國淮劉士佳旦久勤茅沿門乞死鄉丈著社有
德忻然各輸已財置傢架神袍旗彙架傘鈯號敲地
筆麗一新施財助社子孫攸公崇昌勤石于壁□□
古不朽今將施財人名具列于後永為觀感云耳

圖六八　置備什物碑記

圖六九　創建獻殿記

圖七〇　重修成湯廟碑記

圖七一　重修東廟舞樓創建南北兩廊碑

圖七二　紀荒碑

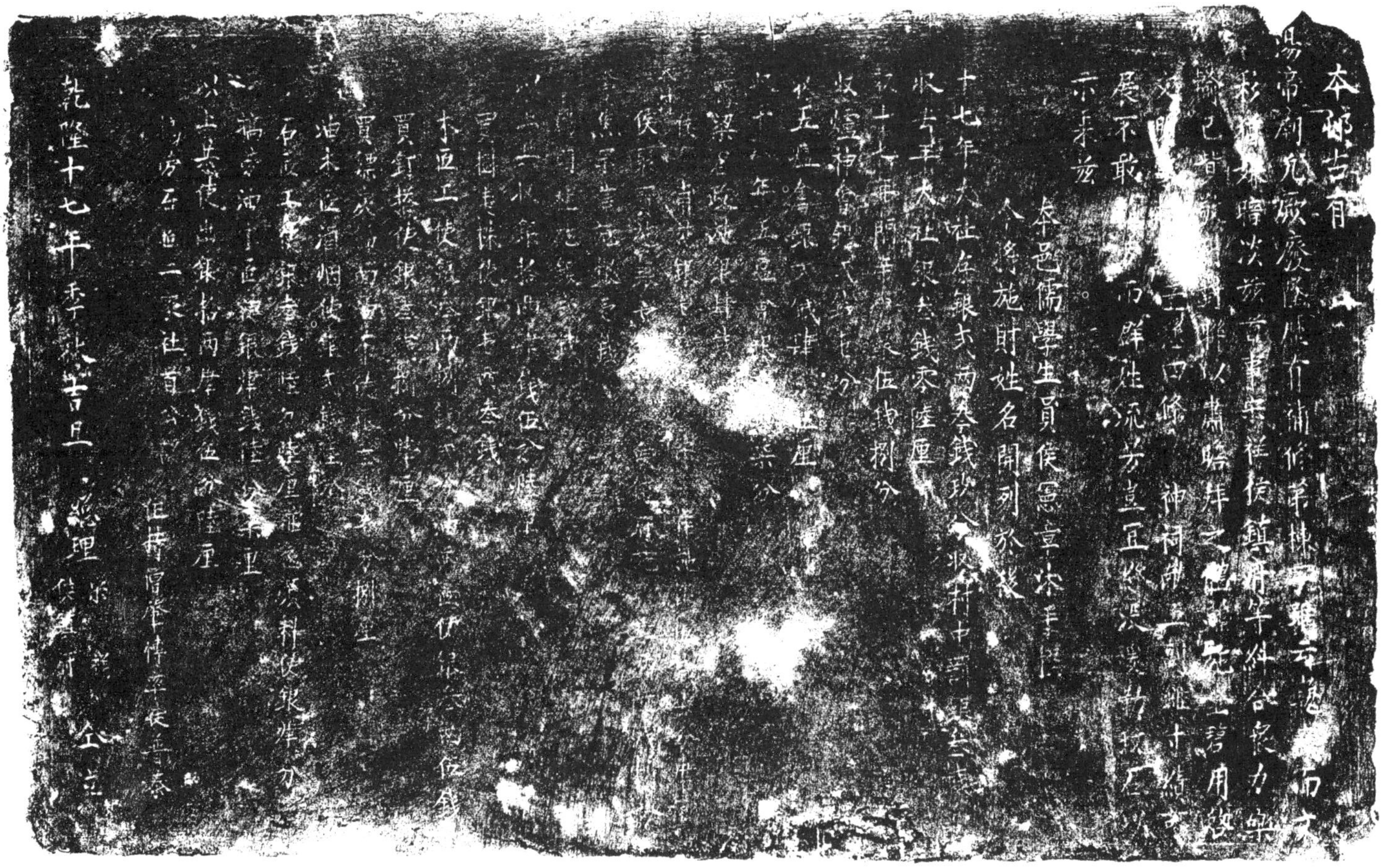

圖七三　粧飾湯帝廟宇碑記

圖七四　新置鑾駕碑

圖七五　大社禁止賭博爭訟碑記

圖七六　創建拜殿碑記

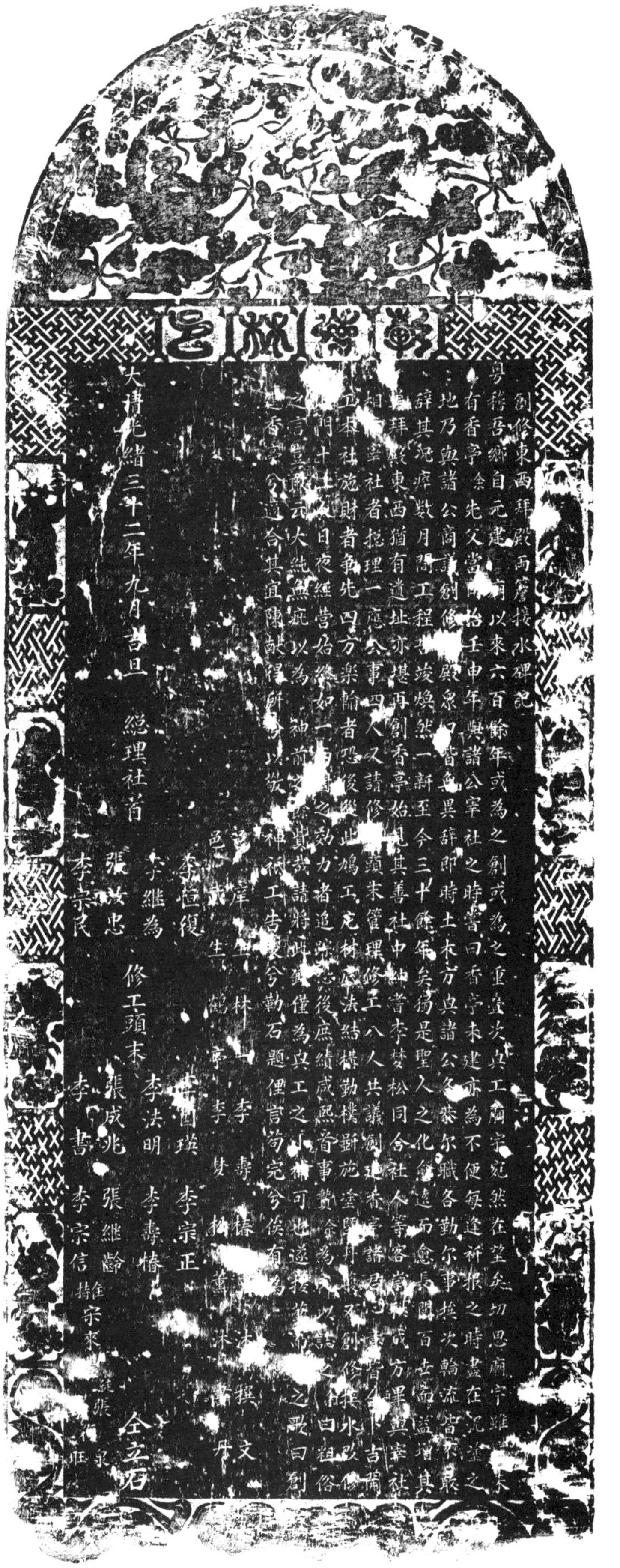

圖七七　創修東西拜殿兩簷接水碑記

図七八　永禁牧馬告示碑

圖七九　成湯殿碑記

圖八〇　修建舞樓雲房碑記

圖八一　拓寬湯廟通村道路施地碑

圖八二　重修湯王廟記

圖八三　重修成湯碑記

圖八四　重修成湯聖帝神廟記

創塑聖像之碣

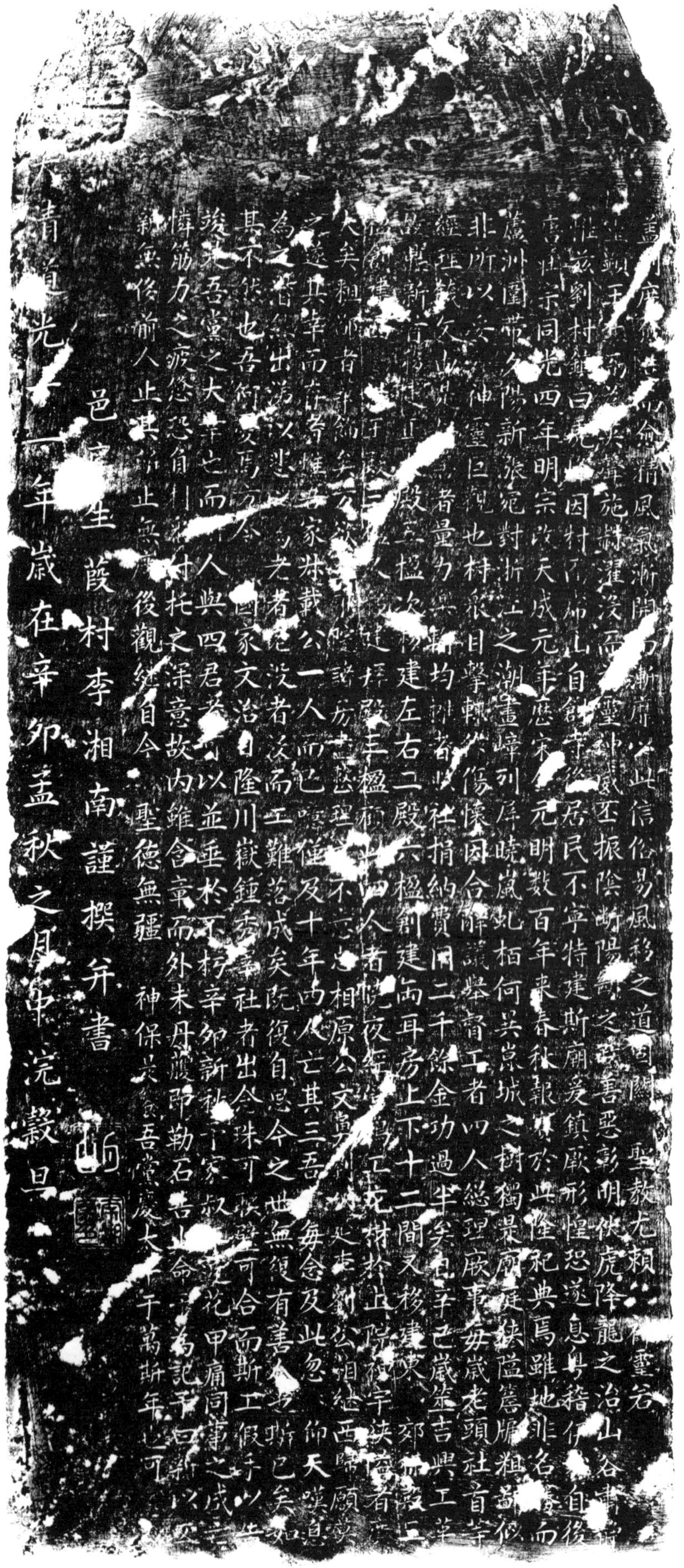

圖八六　創修西湯王殿碑記

圖八七　重修成湯廟記

圖八八　遊仙廟重修碑記

圖八九　南上村大社公修碑記

圖九〇　補修東房並正殿拜殿圪台壜院碑記

重修東廟碑記

萬善同皈

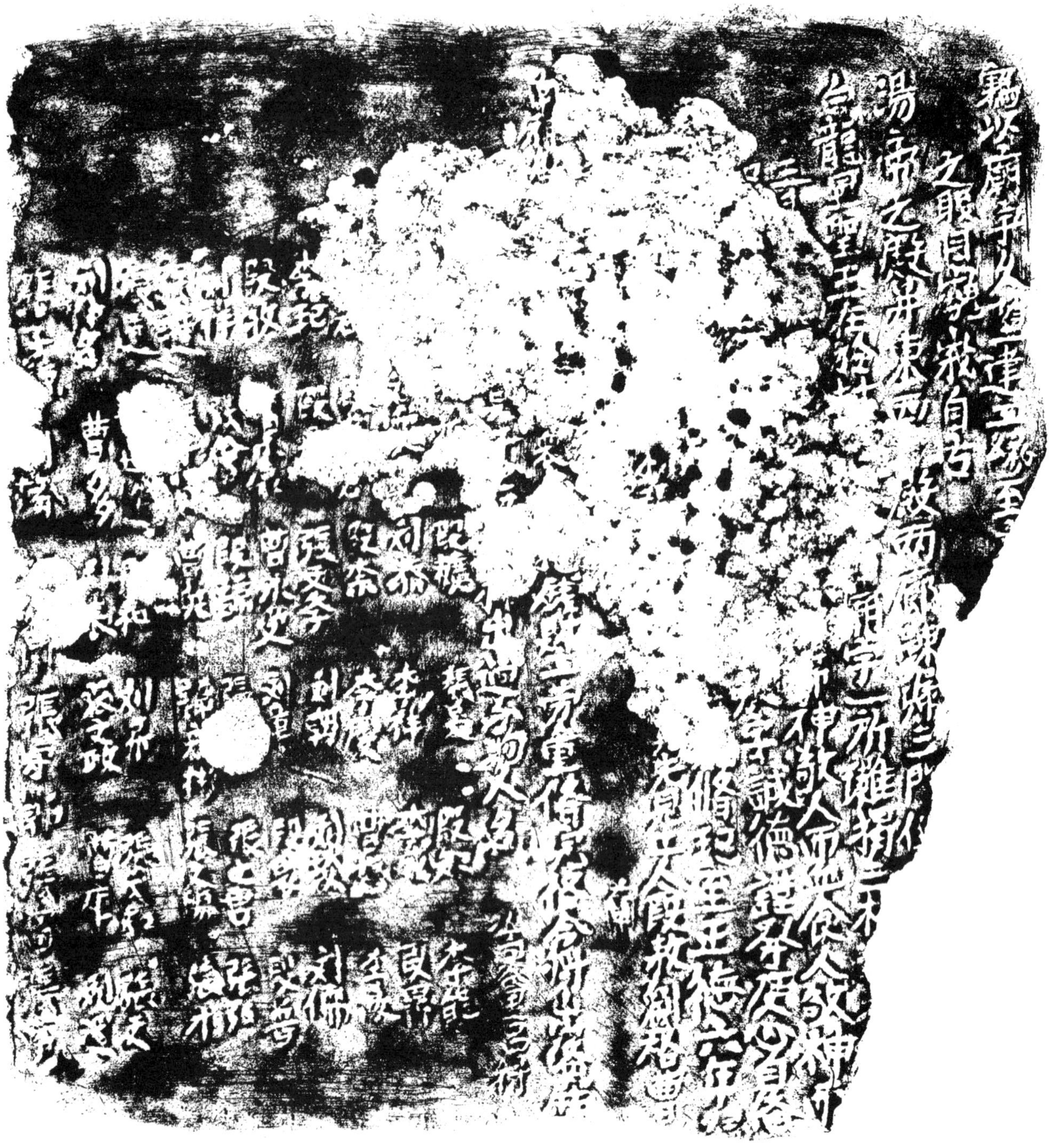

圖九二　琉璃紀事碑

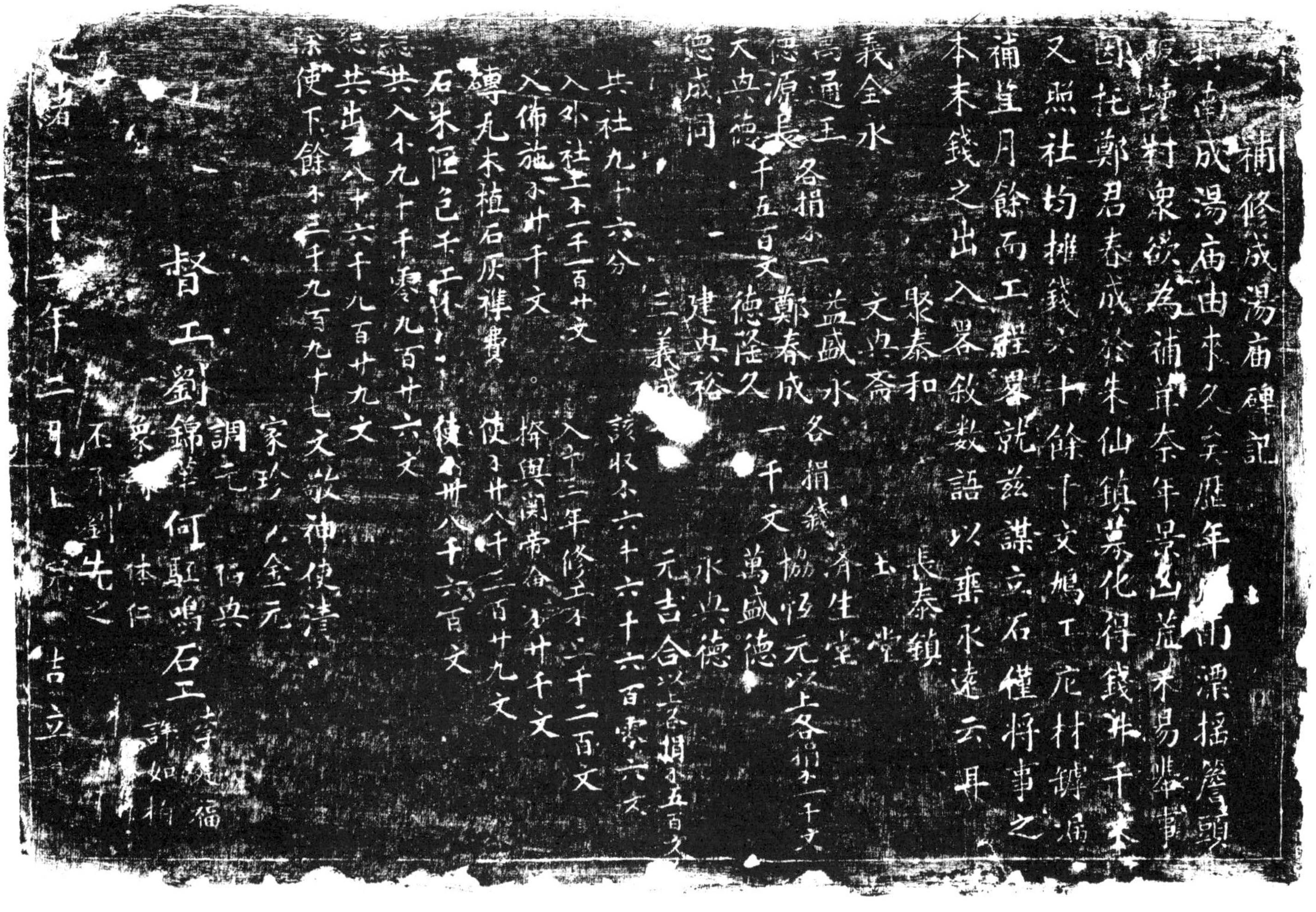

圖九三　補修成湯廟碑記

圖九四　創修碑記

木寺僧會同妙、夢遒、孫玄德書

大清嘉慶玖年三月二十五日揔領社首

仝立石

圖九五　重修成湯大殿關聖大殿碑記

圖九六　重修成湯廟碑記

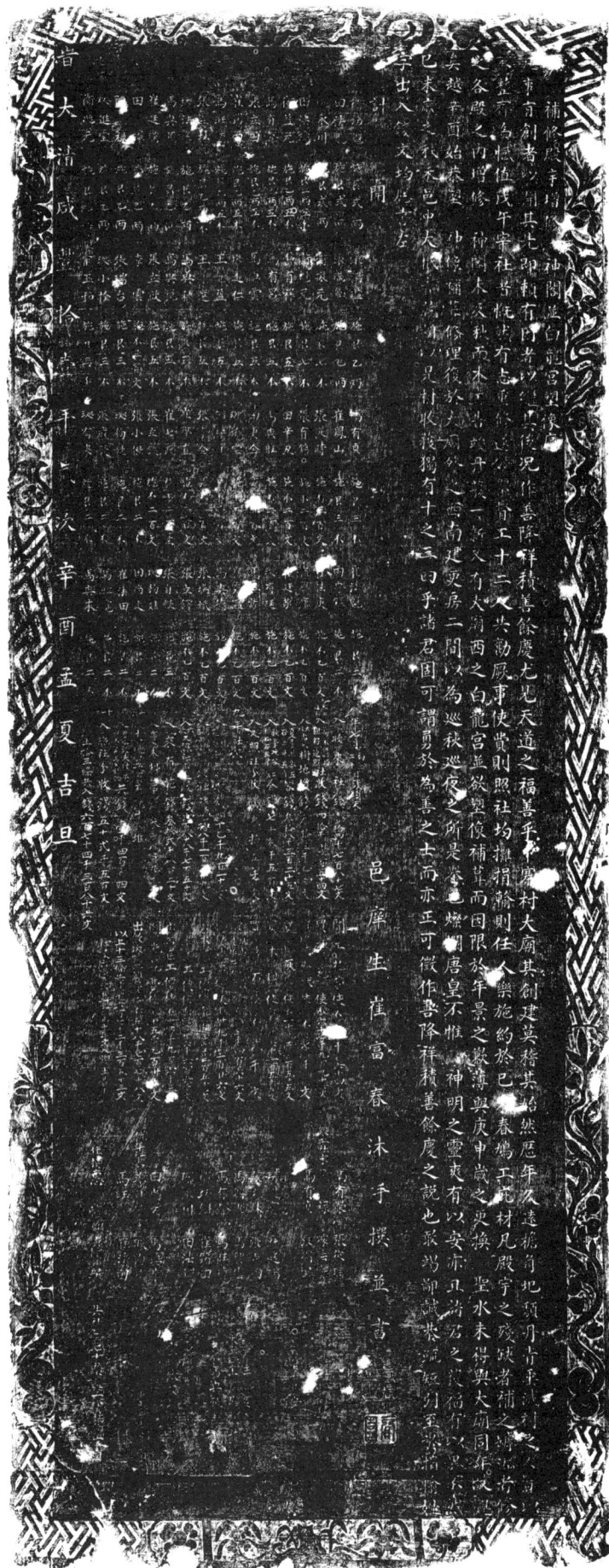

圖九七　補修殿宇增修神閣並白龍宮塑像序

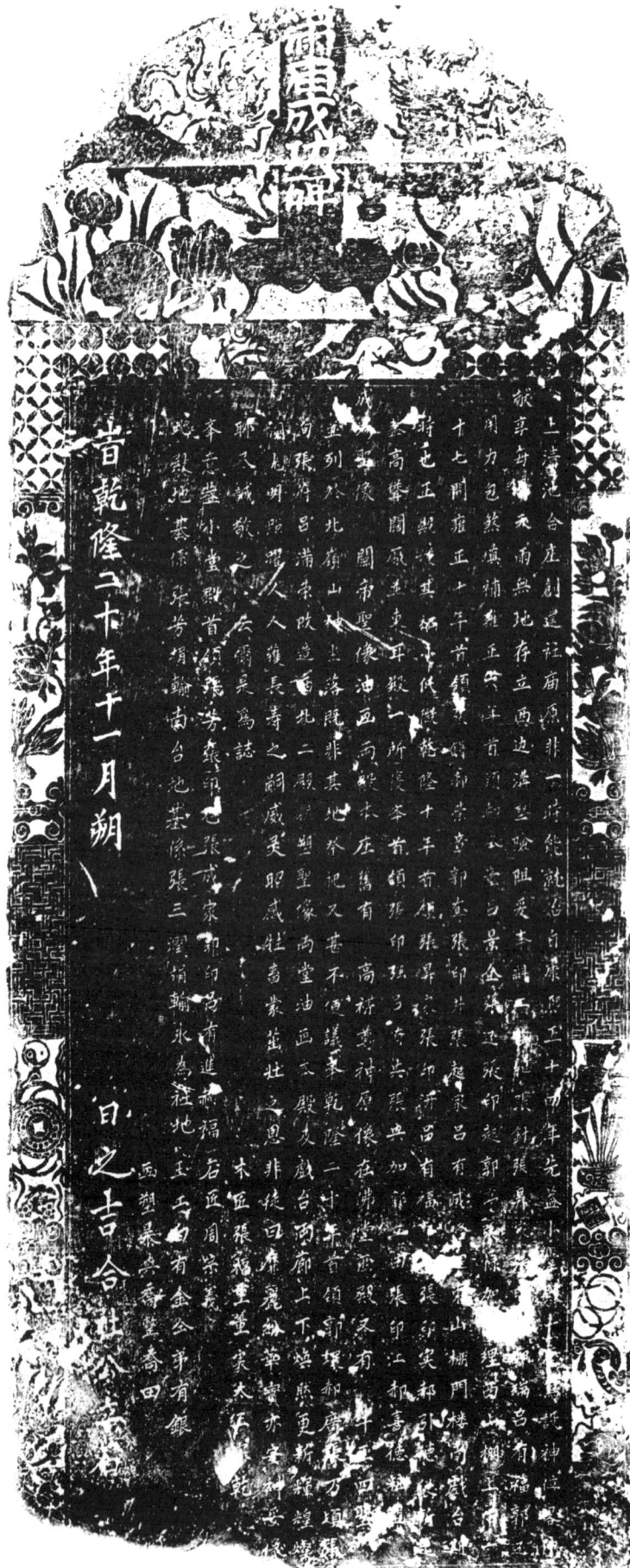

圖九八　滿廟成功碑

圖九九　補修碑記

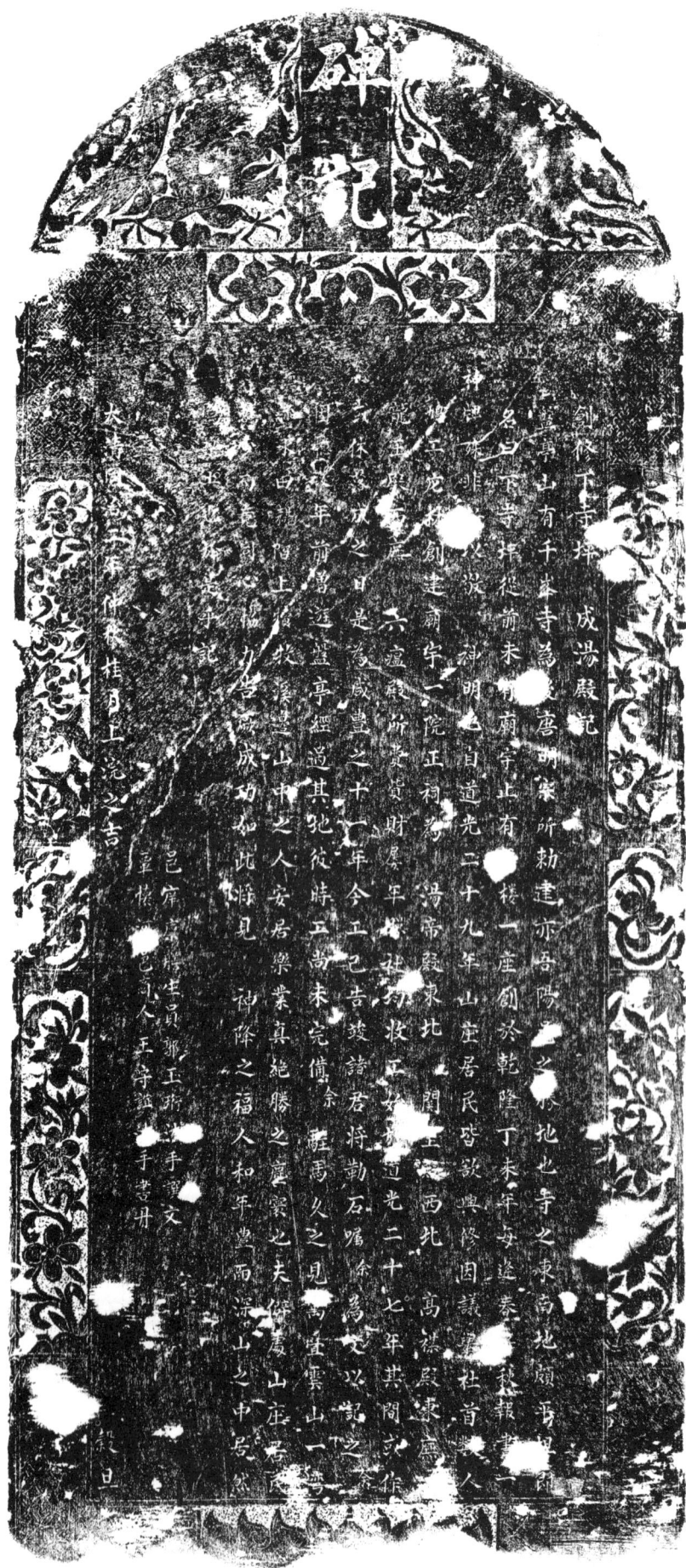

碑記

圖一○○　創修下寺坪成湯殿記

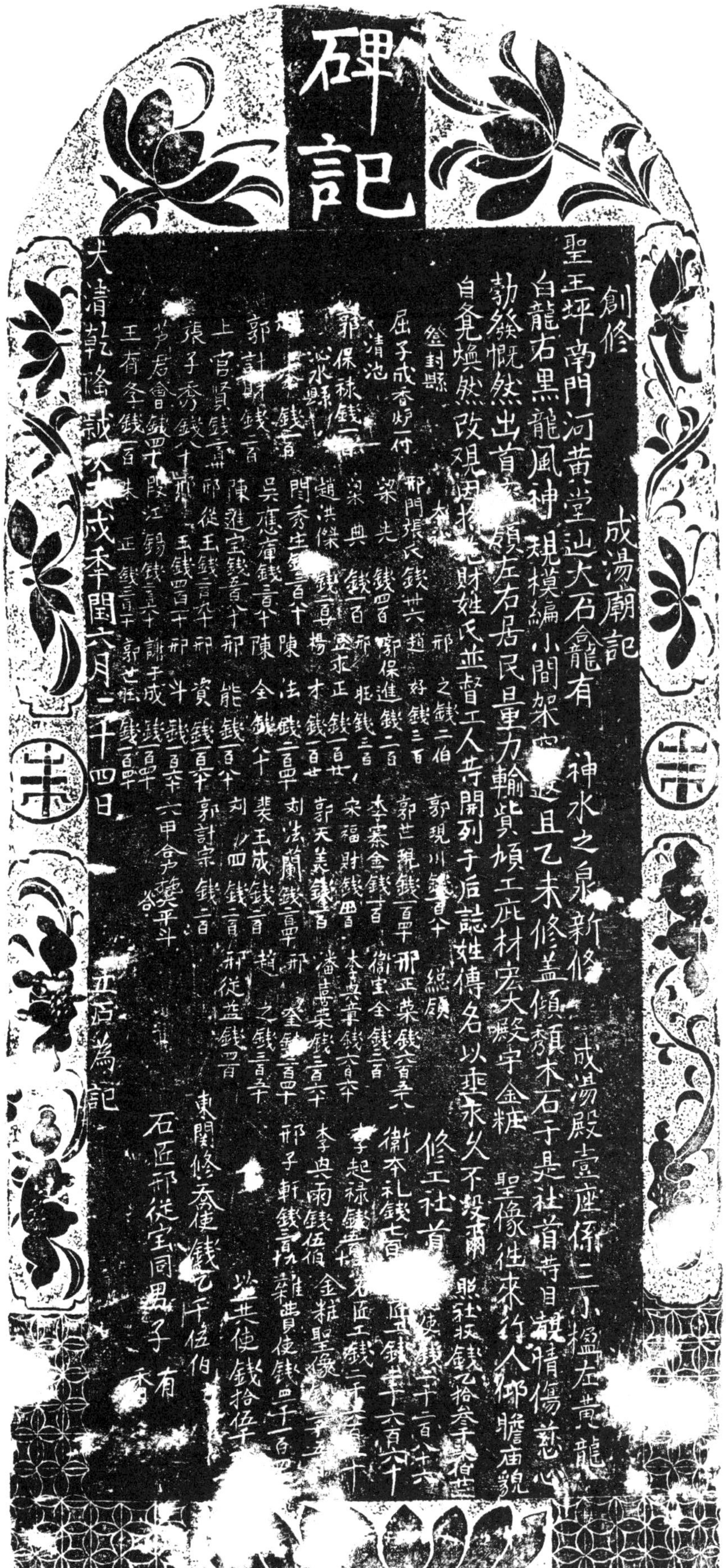

圖一〇一　創修成湯廟記

圖一〇二　創建重粧碑記

析城山成湯廟

宋代勅封碑

【碑文】

政和六年四月一日勅中書省尚書省三月二十九日奉聖旨析城山商湯廟可特賜廣淵之廟為額析城山山神誠應侯可特封嘉潤公奉勅澤州陽城縣析城山神誠應侯朕天覆萬物憂樂與衆一刑有失退而自咎惟春閔雨稽事是懼夙興夜寐疚然于懷歷走群祀靡神不舉言念析山湯嘗有禱齋戒發使矢於爾神雨隨水至幽暢旁浹一洗旱沴歲用無憂夫爵以報勞不以人神為間也進封爾公俾民貽事可特封嘉潤公奉勅如右牒到奉行前批已降勅下廣淵廟四月三日卯時禮部施行

【考述】

原碑鐫兩塊，一在析城山湯王殿，一存縣城內湯王東廟大門內花牆後。政和六年（1116）四月立石。碑為長方形，高59釐米，寬82釐米。析城山原碑破碎，尚存。山西師大戲曲文物研究所存有原碑拓片。《陽城縣志》載入《藝文》，《山西通志》、《山右石刻叢編》、《澤州府志》並著錄。碑記政和六年（1116）三月二十九日中書省、尚書省奉聖旨特封析城山成湯廟和析城山山神廟事。（圖一）

湯帝行宮碑記

【碑文】

切以聖帝垂茲賴志誠而所感神靈顯佑必祈禱以□臨當思□澤恩可作豐年之慶今開隨路州縣村行宮花名於後

澤州在城

右廂行宮一道

　左廂行宮一道

　南關行宮一道

陽城縣

　□右里一道

　東社行宮一道

　西社行宮一道

　南五社眾社人等行宮一道

白澗固隆行宮一道

下交村石臼冶坊眾社等行宮一道

澤城府底行宮一道

芹捕柵村等孟津行宮一道

李安眾等行宮一道

四侯村眾社等行宮一道

洸壁管行宮一道

晉城縣馬村管

周村鎮行宮一道

大陽東社行宮一道

大陽西社行宮一道

李村行宮一道

巴公鎮行宮一道

沁水縣

在城行宮一道

土屋村等行宮一道

端氏坊郭行宮一道

賈封村行宮一道

高平縣

□桂坊南關里行宮一道

城山村行宮一道

翼城縣

□曲一道

吳棣村行宮一道

中衛村行宮一道

上衛村行宮一道

南張村行宮一道

北張村行宮一道

文喜縣

郝庄等行宮一道

河中府漁（虞）鄉縣

故市鎮行宮一道

沁南府在城

市東行宮一道

北門里行宮一道

水北關行宮一道

水南關行宮一道

南關行宮一道

東關行宮一道

武陟縣

宋郭鎮行宮一道

濟源縣

曲北大社行宮一道

西南大社行宮一道

南荣村行宮一道

畫村行宮一道

河內縣

清平村行宮一道

東陽管東鄭村行宮一道

伯鄉鎮行宮一道

北陽宮梨川西河鎮行宮一道

高村□行宮一道

五王村行宮一道

万善鎮等行宮一道

長清宮許良店行宮一道

清花鎮行宮一道

吳家庄行宮一道

紅橋鎮行宮一道

□陽店行宮一道

武德鎮行宮一道

尚鄉鎮行宮一道

王河村行宮一道

南水運行宮一道

□馬村行宮一道

□□義店行宮一道

修武縣

西關行宮一道

城內村行宮一道

□□河陽穀邏店行宮一道

沁州武鄉縣

□□州南門里街西行宮一道

五州度行宮一道

溫縣

南門里社行宮一道

南冷村行宮一道

招賢村行宮一道

白溝□行宮一道

垣曲縣

登阪村行宮一道

□□鎮行宮一道

河南府鞏縣

行宮一道

石橋店行宮一道

洪水鎮行宮一道

□□村行宮一道

堰師縣行宮一道

太原府太浴縣

東方村行宮一道

祁縣

聖王泊下村行宮一道

團白鎮行宮一道

平堯縣

朱□村行宮一道

文水縣

李端鎮行宮一道

□盤行宮一道

維大元國至元十七年三月廿二日

立石人王掌□　溫志信

本廟李志清篆　　石門村石匠馬□□

【考述】

元至元十七年（1280）三月立石。原碑嵌在析城山成湯廟西南牆壁，長方形，高64釐米，寬50釐米，正書，今不存。惟山西師大戲曲文物研究所存有拓片。碑記山西、河南兩省22個州縣所建成湯行宮84道。（圖二）

析城山新廟碑記

　　惟析城名山載在禹貢隸陽城縣治西南七十里古有廟祀成湯宋熙寧中河東路旱神宗遣使壽禱應封山之神嘉潤公賜湯廟額廣淵之廟歷元祐宣和尊崇神祀恢飾殿廊幾二百楹金世宗大定間廟災入明世累事營繕鄰境兩河之民每春夏交咸齋沐奔走拜取神池之水用鼓樂旗輿導供行宮曰虔歲事秋獲後各即其行宮而報賽焉改歲又然循為故式以斯疆內屢豐休禮不爽明末季廟再災毀適連旱荒兵燹大作以迄於改革議者僉咎匪墮所由而嗷嗷孑遺救死弗瞻靡任修舉之役順治十三年丙申夏關西道副使石公適於山謁神瞻顧咨嗟爰集二三耆庶倡謀資募會有道士某本自上黨軍人來矢願事神單身胼胝荒窞蟲獸之區誠與神通輒能驅丐遠邇裹餱負齲升木山之四高陶土錘石震怪不沮既其勤苦用編日緝月卒踐厥緒乃因廟舊址改立正殿五楹東西陪殿各五楹肇始丙申秋至康熙元年壬寅春訖工用財凡若干繼若干年道士請紀其跡於碑而征予辭鑱諸石竊度茲介壤形觀維赫出雲興雨法協於祀典矧昔先神後湯以六言禱于桑林振古為烈山左偏地名適符相沿謂是聖王功德昭被在茲山靈攸配承傳滋久庭墀渠峨匪尋常淫瀆者倫屬今皇帝臣庶萬邦仁澤四洽神洊效美祥雨暘時若丕膺康年凡附山郡邑有家士大夫爰及父老子弟莫不欽受顯賜蔦自今逮於後庶幾恪恭新廟亦越四方有眾瞻依畢稱罔或敢怠厥事俾為神愆肆神將永祐之於祉哉碑是以告

　　大清康熙六年歲次丁未夏六月朔吉

　　原任刑部尚書白胤謙撰　　學生王璋沐手書

　　清康熙六年（1667）勒石。原碑立在析城山成湯廟配殿南山牆，高186釐米，寬75釐米。今碑破損，仍存析城山殿中。《陽城縣金石記》著錄。行書。白胤謙撰文，王璋書丹。碑記清順治十三年（1656）至康熙元年（1662）新修析城山廟宇事，並述及金大定間和明末大廟兩次因兵燹被毀。因碑刻文字漫漶，碑文錄自《歸庸集》，書中文字與石刻文字稍有不同。白胤謙（1606-1674），字子益，號東穀。陽城人。明崇禎癸未（1643）中進士，選翰林院庶起士。清初由內秘書院檢討、侍讀學士升為吏部侍郎，官至邢部尚書。因評議蘇松（今江蘇省）巡撫王秉穩衡案件與皇帝意圖不合，降職為太常少卿。不久又升任通政使。後辭職歸里。晚年杜門謝客，窮究理學，自刪朱熹《近思錄》和薛瑄《讀書錄》，合為一冊，以教育子弟。他主張"求仁復性"，"存誠主敬"。魏象樞稱他為薛瑄之後第一人。論詩主張"神韻為上而格調次之"。著有《東穀集》、《歸庸集》、《桑榆集》。（圖三）

補修廣淵廟宇碑記

　　補修廣淵廟宇碑記

吾邑濩澤古勝地也其南析城古名山也山巔湯廟古聖帝而神者也按邑乘析城去縣七十里其名始見於
禹貢元吳澄釋云山高峻上平坦四面有門如城山之得名當以是耳所異者峰週四十里許皆如幢焉論者謂生
氣不聚故爾爾乃其頂兩泉澄澈歲旱未嘗忽竭此又何說想神靈則地無不靈地靈則更有以效其靈者職此遐
迩居民歲虔祈於茲絡繹弗絕也廟之昉無可稽宋熙寧九年河東路旱委通判王佐（伍）望祷於此即獲靈應
上其事詔封析城山神為誠應侯政和六年詔賜庙額齊聖廣淵之庙加封析城山神為嘉潤公宣和七年詔下本
路漕司給省錢命官增飭庙制以稱前代帝王之居而致崇極之意以其餘貲並修嘉潤公祠凡二百餘楹金末元
初災於回祿殘毀幾盡元帥延陵珍與邑原王□復修之厥後代有完葺載諸正珉班班可考但神宮高踞山頂風
易剝雨易蝕不數載而傾圮之患生矣羽士先□原復昌王復禎棲真於此者久不忍坐視募褚（諸）四方信士
積金銀兩恐不足用又捐己貲卜吉鳩工庀材重立大門並建西房上下十楹甃院砌路俱以條石為之工防修理
正殿磊補後墻閤庙挽補猗歟休哉山門再起所以肅觀瞻也磴道重排所以懷永圖也增修完美所以妥神靈也
往者已往可以繼往也來者未來可以開來也濩澤勝地信乎其勝也析城名山□矣其名也聖帝而神者自□□
其無已也遐迩居民之被澤承流者更未有艾也余官京邸聞之喜是舉□請不敢辭爰是不揣固陋濡墨而為之
記

布衣原得清書丹

郭　　松
李　　海
劉　　信　　　　尹　　林
李　　法　　李　　禮　　李　　升
劉　　義　　張　　學　　李　　庫
張　　傳　　王　　育　　李　　滿
住持　原本興　徒侄　李合法　徒孫　宋　恩　曾孫　張永□
　　　閆本和　　　劉合祿　　　燕教管
　　　劉　貴　　　郭　崇　　　李　倉
　　　原　修　　　吳　□　　　苗　壘
　　　　　　　　　茹　□　　　茹　宣
　　　　　　　　　樂　□
　　　　　　　　　李　魁
　　　　　　　　　□　□

大清嘉慶二十四年歲次己卯五月庚午初九日己巳穀旦全立

【考述】

清嘉慶二十四年（1819）五月九日立石。原碑立在析城山成湯廟正殿西側，圭頭，高200釐米，寬
68釐米，厚18釐米。正書，原得清書丹。碑記嘉慶年間羽士原復昌、王復禎等募金捐貲、鳩工庀材、
重立大門，並建西房、甃院砌路、修理正殿、磊補後牆、挽補閤廟事，同時述及屢次受封和興修的歷
史。碑存完好。原得清曾在京城為官，生平里籍不詳。（圖四）

成湯廟化源里增修什物碑記

【碑文】

里之有社本古人蜡饗遺意後世踵事增華相沿成例陳錦繡設珍玩窮水陸俳優伎預其事者中人之產鮮不因以破家雖輸公之息無以踰此識者憂之惜民賢令維風鄉獻未嘗不時一念及其如習俗移人未能盡革間或雨暘愆時旱潦一見愚夫婦咸致咎於祈報未誠饗賽有缺井里皆然堅不可破士大夫謂帝以六事責躬桑林遺澤千百年猶在人耳目間崇報之思何可曠也曷思帝之澤在民昧其為澤者適以病民民之思在帝侈其為報者殊難格帝惟度力而行量能而止無忝帝德無滋民累庶不失歌衢擊壤之麻是在留心風教者有因時維救之思焉今歲成湯廟例應化源里迎神換水適上臺及邑大夫有禁其事暫寢二三社老相與謀曰取水之舉事關祈報應在雨澤何可廢而不舉週來儀仗殘缺緣舊相仍歲耗民財究於社典之需一無所補令雖罷迎饗之舉曷若以其所費之資制為什物使後之迎饗者壯美觀瞻可經數十年之用不猶愈於耗而無成者乎僉曰可與為耗而無成不若治為美觀也遂欣然從事焉諸袍傘旗幟計其所費共數銀四十兩有奇諸社老求余一言記諸石恐其久而遺失□可查稽諸社老舉事之心亦不可泯也本年捐貲社首及有功於社者皆得列名焉並所製什物詳載於後是為記

賜進士出身資政大夫戶部左侍郎加二級致仕田六善撰

所制什物開列於後

神袍柒領　轎圍壹圓　紬傘柒柄　紬旗陸對　大白紬旗壹對　大白布旗壹對　鸞架號掛貳拾肆件

使過銀兩開列於後

紬絹銀廿八兩八錢一分七厘　柒匠工銀四錢　　號褂布十二尺價銀三兩　傘套布銀一兩五錢　柒錢裁縫工銀陸錢陸分　傘套布銀一兩五錢　　雜費並人工銀一兩五錢三分二厘　裁縫工並線銀九錢九分　碑一座使銀二兩五錢四分五厘

水樓故事通共佈施銀二十三兩七錢二分　內低銀錢並短數共折銀三兩零三厘　实收銀二十兩零七錢一分七厘

水樓社首田依仁　段上梅　吉明應　王者福

石可欽　白志明　孟志□　□自沫

任克敏　路　建　張鳳高　吳日弘

張　禮　張　瑾　于可貴　張懷亮

張從恭　賈　忠　王　誼　劉成章

閆居讓　王　曾　李甫乾　張鵬南

董　策　衛宗□　李攀龍　田　舉

燕振麟　□　歆　吳　惠　李定□

王師二　□　登　喬振生　張　□

□□□首張洪金　白其連　衛　佶　吳建德
　　　　賈過時　□國品　原乾樞　栗　羽
　　　　郝世俊　蔡　明　劉　誼　瓊文才
　　　　王　□　李□春　李銀章　趙晉亨
　　　　連　英　王鳳輪　鄭　□　宋□才
　　　　楊　廣　田　□　張永祿　閆居讓
　　　　張　澄　武有成　白濟□　衛　佩
　　　　李　□　陳斗□　衛　沖　成漢卿
　　　　崔　啟　張□基　張□賢　張　齊
綜領老社田篤培　路　貴　段　浦　楊崇秉
　　　　張　翎　張　蒙　吳　治
本年社首薛□升　段公揆　田子儒　路景珵
　　　　張素持　喬繼宗　白起泰　崔　□
　　　　李仲百　石在璞　李　順　張□默
住持僧　本源
玉　工　□經
康熙二十八年歲次己巳六月吉旦

【考述】

勒石於康熙二十八年（1689）六月，原在縣城東湯廟，現存於陽城縣博物館院內。圓首長方形青石碑，碑身首一體，通高160、寬84、厚22釐米。碑記化源里以迎饗所費之資購置成湯廟迎神換水什物事。保存完好。田六善撰。田六善，陽城化源里人，清順治丙戌（1646）科進士，官至戶部左侍郎。（圖五）

河北鎮下交村成湯廟

重修下交神祠記

【碑額】

重修下交神祠之記

【碑文】

重修下交神祠記

賜進士出身嘉議大夫浙江按察使匠禮後學　　楊繼宗撰

鄉貢進士文林郎汝陽縣知縣本里後學　　　原宗禮書丹

鄉貢進士河南息縣儒學訓導本里後學　　　原宗善篆額

析城之東有下交下交之地山水奇秀居民稠密南北兩河中夾大阜自東徂西合為一水因名下交今茲析城即禹貢所載之析城也大阜之上中創神祠為一鄉祈報之所春祈百穀之生秋報百谷之成人民富庶享祀豐潔八蜡通而歲事順成所謂匪且有且匪今斯今振古如茲是已祠廟總若干間有年久傾頹者有空缺未造者正統甲子春里生魚鯨植桂二株越明年里人原大器孫郁許真盧岩重修舞樓成化紀元原大用輩重修廣禪侯祠十有二年原宗祿輩創建佛殿三間兼塑佛像五尊十有三年原大亮原宗仁原宗祿原禮原英孫敖席步席擴孫志學孫志端原曇原景原內原乾一十四人皆鄉黨之拔萃者覩成湯黃龍關王殿三間傾頹神像剝落同心協力重修補塑落成問曰祠神左右隙地未曾起造可建否乎僉諾曰善□東建白龍並太尉殿共八間西建行廊及門樓十有三間昔之傾頹者咸重修之剝落者悉補塑之空缺者整創建之厥工克備煥然一新足以事神祐民可傳後世請為記以紀其實予應之曰下交地靈人傑敬神向善人知孝悌俗尚廉恥為仁義之區禮讓之黨也雖然不有先覺孰問後人溯厥所自風俗之美由人才之隆前代已遠不復暇論洪惟聖朝人材由科目而出者有田魚淵原矩原瑢原傑魚鯨原宗禮原宗善也由胄監而出者曰原亨原宗純原宗敏也他如孫瑄魚泰亨原宗泰原宗敞者又皆由吏胥而出也淵為新泰教諭鯨為汝寧訓導父子舉人也瑢先典教後升縣尹傑登進士歷官憲長交伯左侍郎都御史卒於尚書兄弟舉人也宗禮令汝陽宗善訓息邑先後登科亦兄弟舉人也宗善瑢之長子克繼先志亦父子舉人也亨為山東費縣宰迺宗祿之祖瑄為陝西鎮安幕迺志學之□潼關驛宰宗敞管城驛宰宗泰與弟宗祿亦伯仲也泰亨任武安驛宰淵之孫鯨之子也矩系里人原嶽父恬退不仕宗純宗敏又皆未用之賢也今宗祿志學輩賢而種德富而好禮敬以事神率由人材中漸摩而成也禮儀由賢者出詎不信夫且鄉人助緣稍覺列名碑陰者若此其盛而原孫魚三氏為□□□唐之崔盧晉之王謝也後進丕而為儒者曰宗哲曰應奎曰應宿曰盧倫曰魚泰雍曰應清曰應軫曰應階曰應麟曰盧仁者又皆科目可待之士也口口人才輩出神祠愈崇禮讓愈興風俗愈美遠而弥昌久而弥芳而一鄉之盛綿亘千古又非止今日之盛也百歲之後必有賢如韓柳能記之者又豈若予之拙而直哉

大明成化十八年歲在壬寅秋九月吉旦立

維那頭原宗祿　原大亮　原宗仁　席　寬　孫志學

席　擴　原　曇　原　英　孫　敖　原　景

孫志端　原　禮　原　乾　原　內　原　敏

石匠　□□　　牛鐸　鐫

【考述】

　　勒石於明成化十八年（1482）九月，現存於河北鎮下交村湯帝廟拜殿內。螭首長方形青石碑，碑首高94、寬72、厚32釐米。碑身高180、寬84、厚32釐米。此碑為陰陽兩面，碑陽首篆體豎刻"重修下交神祠之記"八字。碑身四周浮雕纏枝牡丹花卉圖案。楊繼宗撰文，原宗禮書丹，原宗善篆額。碑記下交湯帝廟在正統年間、成化年間修建的歷史，讚揚下交里的人材之隆和風俗之美。碑陰列佈施姓氏。碑存完好。楊繼宗，字承芳，陽城匠禮人。明天順丁丑（1457）中進士，初任邢部貴州司主事，繼任浙江嘉興知府，再升任浙江按察使，後以僉都御史巡撫順天、雲南。成化年間，各地官署廳前都

寫著天下四大清官的名字，楊繼宗名列第一。明憲宗稱他"不私一錢"，死後追諡"貞肅"。（圖六）

重修樂樓之記

【碑額】

重修樂樓之記

【碑文】

重修樂樓之記

賜進士第亞中大夫山東市布政司左參政前刑部郎中邑人　　　王玹撰

鄉貢進士文林郎杞縣知縣邑人　　　白鑑篆

廩膳生員　　　王鎧書

嘗稽諸易曰先王以享帝立廟又曰先王作樂崇德殷薦之上帝以配祖考故廟所以聚鬼神之精神而樂所以和神人也此前人立廟祀神之由樂楼所建之意也予誦湯誓曰王懋昭大德建中於民表正萬邦兆民允殖王之德如此其盛也觀之史傳大旱七年齋戒剪髮身嬰白茅以身為犧禱于桑林之埜六事自責之餘大雨方數千里王之澤如此其深也德盛而澤深民豈能忘其於千百世之下哉覩廟貌而興思遇享祭而致敬非勉然也天理之在人心自有不容已者矣是以縣治西南去城七十餘里有山曰析城草木分析山峰如城即禹貢所載之名山也世傳王嘗禱雨於斯故立其廟像民歲取水以禳旱其來遠矣其山之東北有下交之地居民正北有阜巍然南山群峰屏繞襟帶兩河極為奇秀佳麗之地原其所自亦析城之餘支遠脈伏而顯者也王之行宮在焉每遇水旱疾疫有禱即應亦王祈祝壽之遺意也觀其舊記殿宇行廊門楼大小五十餘間建自大元大安二年迄今三百餘載各殿宇損壞聖像剝落里人原大器輩歷年重修補塑惟樂楼規模廣大年久風雨所搖飛簷樑柱傾頹殆盡至我國朝正德五年庚午里人原宗志原應端因學生原應軫等會集社眾曰成湯古聖帝也樂楼蕪廢如此與諸君完葺之何如眾咸曰諾於是鳩工萃材各輸資力重修樂楼一高二低四轉角並出廈三間功成於正德十年乙亥棟宇臺榭高大宏偉金碧丹青之飾煥然一新其功倍於昔矣茲者宗志應端俱捐館惟應軫字文璧任廬州經府已歸林下十載矣予與文璧有姻戚之誼又布衣時同遊邑庠一日囑予為文以記盛事予歸休日久素拙於文直書其重修始末之實噫嘻文璧建楼之意豈為諸事邀福之舉尤有深意存焉其心以為林下之士苟徒以詩酒為樂幾近於晉之放達與時何益哉然假廟享帝之餘為彥芳誘善之計與鄉人萃於廟庭共宴神惠必曰耕讀事神誠善事也嘗聞作善降之以祥作不善降之以殃使善者有所勉不善者知所戒而表正功懲之典寓焉且舉祀之際談敘廟之舊記又曰某人始建何廟某人重建何祠而修舉廢墜之意又將垂於無窮者矣嗚呼後之視今亦猶今之視昔千百載之下覩廟楼之傾頹而複修飾者未必不由文璧興作之也予年老學荒謹述其實如其文以俟後之能者

大明嘉靖十五年歲次丙申正月吉旦

總理社事　原應瑞　　原宗志　　原應軫

分理社事　原夢禎　　魚泰康　　原守坤　　原宗敵

原宗周　　原宗敏　原　森　　原　富

原　經　　孫　禮　許　濼　孫　宗

徐　德　　原　紀　魚　宣　徐　潤　　立石

劉善里石工程邦同男程思恩刊

【考述】

勒石於明嘉靖十五年（1536）正月，現存於河北鎮下交村湯帝廟內。保存完好。圓首青石碑，碑身首一體，通高256、寬94、厚29釐米。碑首浮雕雙龍戲珠圖案，中間篆體豎刻"重修樂樓之記"六字。碑身四邊雕浮雕纏枝牡丹花卉圖案。王玹撰文，白鑑篆額，王鏜書丹。碑文由先王立廟作樂之由寫到成湯的功德和析城山、下交里湯廟的建立，進而記述明正德五年（1510）至正德十年（1515）原應瑞、原宗志、原應軫等重修下交湯廟樂樓事。王玹，陽城人。弘治己未（1499）中進士，官至山東布政司左參政。（圖七）

重修正殿廊廡之記

【碑額】

重修正殿廊廡之記

【碑文】

重修正殿廊廡之記

賜進士南京戶部尚書致仕節奉詔進階光祿大夫前都察院

副都御史吏部左侍郎石楼居士八十翁沁水　　　李瀚撰

鄉貢進士邑人　　李裔芳篆

廩善生員　　郭昌書

石楼居士與原神山夙敦道誼雅因締為姻厥雅滋篤神山迩因修廟事竣以郭石門所具修廟實錄走征余文為記余惟昏耄弗文然情弗可辭按錄陽城縣治之南五十里山曰析城，即禹貢所載者山之巔有池深昧不涸人以為靈俗傳湯嘗禱雨于此故昔人立廟其處厥後凡值旱暵即詣彼禱之恒應每歲春民相率而取厥水蓄靈也以此諸鄉邑多建湯廟為禱祀所山之陰三十里曰下交居者数百家鄉之北阜亦有湯廟並各祠宇五十餘間乃遼大安二年所建實宋哲宗元祐元年也迄今四百七十餘年矣久而必敝勢也原氏世居其鄉為大姓科第縉紳輩出神山性剛方梗介風度莊肅所在人咸畏服尤好整飾不苟簡初明易為邑庠傑士學富而不偶貢太學後官授廬州經府方其待擢家食日念曰人賴神以庇神依人以禮禮假廟以行廟且頹敝乃爾果所以為禮神哉由是耿耿不釋乃協賛族叔宗志族兄應瑞以修茸之首建舞樓一所一高二底材飾極其壯麗外南向出廈三間皆包以磚方將次第修茸無何而厥叔兄輩相繼捐館神山且將筮仕厥事遂寢泊神山將之官廟辭因自許曰幸吾穫返，必纘前緒越九載致其政而還抵家未旬月前日之念即萌鄉之故事月朔望相率而祀于廟神山因祀

113

乃舉爵長跪而謀諸眾誼然許諾已而自具酒肴約會首一十六人且告之曰欲興茲役厥工匪細財力之費我固先之如難獨濟何責分爾董爾克勝乎眾慨然任之遂定約分鄉人為十二甲作二木牌書眾名其上一挨督饋餉一挨督供役神山遂即東廊而居寒暑晝夜食息咸在是非有大故不去身家之務不暇顧若棄之然先自出白金十兩以鳩工經始其事首及正殿即湯廟舊直堂三間今易為四轉角朶斗拱四面通額梁石柱舊門窗皆木板為之者今易以櫺花亮格十二扇留後門為將來建寢室端其材木瓦石各壯大精麗愈于昔數倍雖云重修實則創建時嘉靖丁亥春也是後連值歲凶人有餓殍遊離者神山猶經營不輟乃及東北黃龍祠三間佛祠三間西北關王祠三間神庫二間正東白龍祠三間太尉祠三間神廚二間正西牛王祠三間子孫祠三間土地祠二間其東西諸祠之下舊行廊皆平矮室今為重楼各五間正南左右斗拱門楼二所皆次第而成四旁聯壁繩直矩方雖各因舊基然舊皆土壁板瓦今通繚繞以磚易之以桶瓦四面總二百步用磚十萬有奇瓦亦稱是並其中各神像亦皆補飾完美其餘棟宇之類易舊以新易小以大易粗朴而為精致者尤不勝紀又造石獅二于正殿之階極其工巧植檜十有二本于院植松柏八十本於四外今年乙未冬厥功成嗚呼厥費不資厥功不淺以不一之人心渙而糜萃以鄉族之恩義情而糜法然而用人之財而人不以為費竭人之力而人不以為勞厥匪艱哉匪神山有弗克勝者初神山為是役也時遇收穫親詣人之家而募其粟多寡因貧富工以力分用以材致罔弗曲當時或用廣而募不繼役急而來者緩神山即詣其人長跪其人必且叛且前心益感勸神山□出己有以濟之躬執勞以率之晝夜呼號鳴金以督眾眾相謂曰原公不惟屢出其有且素不習勞加之年逾七□乃能歷履勤苦若是吾屬可自私其財自愛其力哉故家雖弗贍農務方收亦莫不委曲遷就求以應之且心悅誠服惟恐或後曾無一人作慝者盖人之情雖所以為神由神山有以感之也神山之志欲有以致人若神默有以啟其□者吾意神山切切于此崇夫禮也久弗渝許信之篤也即廟而居心之專也幾歷一紀志之堅也勞亦躬執率之勤也人樂趨事德之感也物議不生處之公也連值荒歉時且艱也祠宇多而壯麗功尤大也夫惟禮以基事信以成之專以營之堅以持之勤以率之德以感之公以處之以故值時之艱功雖大允濟昔先正云覩河洛者思禹之功後之覩祠宇者安知不如思禹者而思公哉神山名應軫字文璧石門名昌字順之邑學士也其會首原宗周原應賓原應學原朝儀等與有功原朝儀獨別植檜二本事皆得附書其輸賫供投者不及悉則載諸碑陰

大明嘉靖十有五年歲次丙申正月吉旦

總理社事：原應軫
分理社事 原應奎　原宗敵　原宗周　原宗賓　原宗敷
原應社　原民儀　原應宣　原朝儀　原應貴
原懷儀　許　孜　原應蛟　原子華　徐　德
原德儀　原一朋　原　較　原　轄　原一心
席安浩　協立

劉善里石工程邦同男程思恩刊

【考述】

勒石於明嘉靖十五年（1536）正月，現存於河北鎮下交村湯帝廟內。龜趺螭首青石碑，碑首高83、寬85、厚28釐米。碑身高178、寬82、厚26釐米。此碑為陰陽兩面，陽面碑首中間篆體豎刻"重修正殿廊廡之記"八字，碑身四周綫雕雙龍戲珠圖案。李瀚撰文，李裔芳篆額，郭昌書丹。碑記原應軫做官歸來繼承族叔族兄遺志，歷時近一紀，重修下交湯廟正殿廊廡及各神祠事。碑陰為施財人姓名。保存完好。李瀚（1453－1535），字淑淵，號石樓居士。祖居翼城，後徙沁水。明成化十七年（1481）進士，官至南京戶部尚書。明代山西著名藏書家、刻書家。嗜書如命，尤好地方文獻。曾刻《遺山詩集》（20卷）、《河汾諸老詩集》、《莊靖集》(10卷)等書。又於弘治九年刻《新刊五子書》(20卷)、弘治十一年刻《呂氏春秋》(26卷)、弘治十二年與人合刊《讀四書叢說》8卷。（圖八）

重修大殿碑記

【碑額】
重修大殿之記

【碑文】
重修大殿碑記
賜進士出身通議大夫都察院左副都御史仍兼廣祿寺正卿事
邑人　　田從典撰
邑庠生　原景蘇篆
邑庠生　原　成書
先王自封建以來隨其所在必立名山大川以祀之陽邑之南山曰析城高聳淩雲迴出群峰夏禹治水嘗歷其上禹貢載之其山遂名海內山之巔有成湯廟莫詳其始俗傳湯嘗禱雨於斯政和六年特賜廣淵之廟為額故鄉邑多湯廟焉析城東北綿亙百里許其村曰下交人煙稠密為邑南巨鎮其村之北阜有成湯廟其來久矣楊貞肅李司徒為文以誌之予無庸贅但歷年既久風雨飄搖漸將傾圮邑人茹之軒原文彬盧純輩目覩心惻屬眾而告曰人賴神以庇神假廟以歆廟近頹圮將何以妥神靈而致祀享盍易故更新以一劳而永逸乎眾皆欣然許諾但工費浩繁難以卒備且恐人心散渙工役財物之用多寡不均遂僉議於秋穫之後按其所穫每穀豆一石出不瞞天數升於是眾心悅服喜施樂捨積穀豆數百石遂於十二甲中每甲各舉一人以董其事凡材木之舊者易以新小者易以大雖基仍舊制而材木視昔較勝焉舊制覆以上瓦今皆易以琉璃始於康熙四十七年戊子歲至康熙五十二年癸巳而告成功材木壯麗輝煌射日誠盛舉也自茲凡歲時伏臘飲蜡歌謳報神功而酬帝德者必入廟蕭然其覩廟貌輝煌而謂始事者某某贊勸者某某而其人亦相與不朽焉然歷久而毀積年而敝者勢所必然知後之視今亦無異今之視昔因泐石以俟後之再新者
峕大清康熙五十二年歲次癸巳孟春穀旦
總理社事　原文彬　茹之軒　盧　純
分理社事　原體隆　原士浩　許伯寅　原相周
　　　　　原碩蒙　原公擢　原景周　趙秀廷
　　　　　原□星　盧群鳳　原　純　吳應章
木　　工　崔永期　原士林

玉　　　工　　張一佐

丹青匠　　王玠

琉璃匠　　喬君召

鐵　　匠　　趙長喜　趙長育

陰陽生　　高守印施銀三錢　原景□施銀三錢

本廟住持　邢鐵銓　徒　原真□施穀二斗六升

【考述】

　　勒石於康熙五十二年（1713）一月，現存於河北鎮下交村湯帝廟內。圓首青石碑，碑身首一體，通高194釐米，寬74釐米，厚20釐米。碑為陰陽兩面，碑陽鑴《重修大殿碑記》田從典撰文，邑庠生原景蘇篆額，邑庠生原成書丹。碑記茹之軒、原文彬、盧純等於清康熙四十七年（1708）至五十二年（1713）重修下交湯帝廟大殿事。碑陰為佈施人姓名。保存完好。田從典，字克五，號嶷山，陽城人東關人。康熙戊辰（1688）進士，初任英德知縣，歷官都察院左副都御史後至吏部尚書、文華殿大學士。著有《嶷山文集》四卷、《嶷山詩集》一卷。（圖九）

重修拜殿碑記

【碑額】

重修拜殿之記

【碑文】

重修拜殿碑記

邑庠生　　原景蘇　　撰

邑庠生　　原　成　　篆

邑庠生　　原　展　　書

　　居邑之北其阜隆起來自析城據堪輿云為一邑之主脈其上有成湯廟不知其刱於何代中有拜殿按柱銘系大安二年建立規模闊大材木壯麗凡遇春報秋祈之期邑中父老子弟相率而飲蠟於其下雖所以報神功而酬帝德其所以敬高年而訓卑幼興仁講讓端由於此盖亦為善風俗之一助云於是知創之者之心誠且長也但歷年既久以時繕修日風月雨以圮以漏積而至今材木皆腐朽而不克勝任曩之頹廢者且將就傾圮矣雖屢議更新而功大費廣久焉不葺每遇祀事雖羅其籩豆洗酌之具而執事者徒升降於頹簷壞廡之間退而安然罔以為恤慢神瀆禮莫此為甚邑人許爾厚原士林原穩等目擊心傷遂議重修僉謀之眾眾皆慨諾但念費繁而難以猝備遂每歲於秋夏收穫之期按穫抽收始於康熙之己丑歲閱三載而積粟麥數百石施者不苦其艱而財用足備遂於十二甲中各舉公直勤敏者以勸厥事凡材木基石悉易舊以新易小以大開功於壬辰之春夙興夜寐督餉催工罔或少怠至癸巳而告成功於是弊陋朽橈之迹煥然一新彩繪塗墍罔不精極雖則重修無異始建且舊

116

制兩楹今則易而為三不惟神之喜盼饗來宅凡春秋祈報里人之飲蜡於其下者歌功食德固以崇報本之思而
且父與父言慈子與子言孝其所以收古道而善風俗者亦未必不由於斯焉將神歆人悅相與共傳不朽矣

　　旹大清康熙五十二年歲次癸巳孟秋吉旦
　　總理社首原士林　施銀六錢　　許爾厚　　原　穩
　　分理生員原　玫
　　分理社首趙貴廷　吳廣生　　原澤洽　　原文魁
　　　　　　原景思　原洪珠　　原純祐　施銀五錢
　　　　　　崔生才　崔瑞隆　　盧興隆　　原雨潤
　　　　　　原惟□
　　陰陽　原景韓　施銀三錢　　　高守印　施銀三錢
　　住持　原真鵬
　　梓匠　崔永期
　　丹青　王玠　　白春振
　　油匠　吳伯珩
　　鐵匠　趙長柱　　趙長喜
　　玉工　張一佐　施銀五錢

【考述】
　　勒石於清康熙五十二年（1713）孟秋，現存於河北鎮下交村湯帝廟內。圓首青石碑，碑身首一
體，通高245釐米，寬83釐米，厚27釐米。此碑為陰陽兩面，陽面鐫《重修拜殿碑記》，原景蘇撰文，原
成篆額，原展書丹。碑記許爾厚、原士林、原穩等於清康熙五十一年（1712）春至五十二年秋重修下
交湯廟拜殿事。碑陰為施財姓氏。保存完好。原景蘇，陽城下交人，縣學儒生。（圖一〇）

重修東半神祠碑記

【碑額】
重修東殿之記

【碑文】
重修東半神祠碑記
賜進士第翰林院清書庶吉士澤州　　　陳隨貞撰
　　　　　　　　邑庠生　　原觀光篆
　　　　　　　　邑庠生　　原展書
陽邑之南有下交按形勢則眾座朝宗群峰環拱考人文則書香比屋簪笏綿連斯誠地靈人傑之所義禮文

物之區也義禮之鄉故其修祠建廟上下布列有其序人傑之地是以開創承繼後先濟美有其人其北阜湯廟之左側舊有黃龍殿三楹佛殿三楹東有白龍殿三楹風雷殿三楹其下二楹猶未立像東南有文昌閣一座竊思黃龍生而帝者也故次湯而居左□梵王太子也故次之白龍神王也故居東偏之首風雷龍神之侶也故又次之其布列之不紊有如此特以創建既久風雨飄搖幾至傾圮里人盧太榮原有緒原景閔目擊心惻慨議重修於秋夏抽收不瞞天者□按其所穫之豐歉定為收取之多寡使富不獨輕而貧不苦重又舉分理厥事者凡十二人使己不獨勞而功皆就理始於康熙五十五年丙申歲閱五載而告成功其于上四殿及文昌閣前之所已有者重加振飾金碧輝煌此□其所因者也其於下二楹之未立像者乃設土穀祠以祀之以報萬民司命之主此又其所創者也然其為創也無者有之缺者補之則創也而似出於因其□□也易卑為崇易朴為華則因也而不異於創□□□先修美之有人能如是乎且是舉也不惟有以紹往者之功，又將有以開來者之緒予嘗過其地謁其廟詢其事得其由豈□能文聊從其實以為之序

　　旹大清康熙五十九年歲在庚子七月穀旦立石

　　總理社首　原有緒　　盧太榮　　原景閔

　　分理社首　原偉蒙　　盧仙風　　原　環　　原　愷

　　　　　　　原六秀　　原威蒙　　許百山　　原　勉

　　　　　　　原澤廣　　原兆厚　　盧顯林　　盧鳴鳳

　　擇吉陰陽　原景韓　　□守印

　　丹青匠　王　玠　　白克振

　　油漆匠　吳伯成　　原　荣

　　琉璃匠　喬淩雯　　喬淩霆

　　木　匠　崔永期　　原士□

　　玉　工　張一佐　　張再佐

　　鐵　匠　趙長柱

　　住　持　原真鵬

【考述】

　　勒石於清康熙五十九年（1720）七月，現存於河北鎮下交村湯帝廟內。長方形青石碑，碑首高66釐米，寬80釐米，厚25釐米。碑身高200釐米，寬77釐米，高27釐米。此碑為陰陽兩面，陽面鐫《重修東半神祠碑記》，陳隨貞撰文，邑庠生原觀光篆額，邑庠生原展書丹。文記清康熙五十五年（1716）至五十九年里人盧太榮、原有緒、原景閔總理重修下交湯廟東殿事。碑陰為施財人姓氏。保存完好。陳隨貞，字孚嘉，號寄亭，陽城黃城村人。康熙己丑（1709）進士，選翰林院清書庶起士。因事請假回鄉，再不赴任，隱居山村，潛心學問，詩酒瀟灑以終。著有《立誠堂集》、《寄亭詩草》。（圖一一）

下交村重修廟記

重修外殿垣牆之記

下交村重修廟記

賜進士出身文林郎原任監察御史加一級邑人　田嘉穀譔

邑庠生　楊　培篆

邑庠生　原　玫書

陽城南二十里下交村在析城山之麓山環水繞土沃風淳原氏世居其地三百年來多以儒術致身彰為治績大司馬襄敏公立功郇陽尤炳耀汗青者陽城雖多名卿材大夫然以公為之冠其先後又多人物闔郡旁縣衣冠之家未有如其久遠者其地亦可謂之冠蓋里者矣析城山古有廣淵之廟故邑之里社多祀成湯下交村之廟在其民居之北崇崗之上南望析城煙雲相接里人世祀之舊記建自金大安二年其後修葺不一歲月既久風雨所侵憂其傾圮又其廟外有文昌帝群祠三楹亦幾敝壞里之耆老原景祥原大吉原進傑謀更新之又於本社十二甲擇勤敏者各一人以襄其事夏秋收穫每戶量輸麥粟積百石乃募工易材撤敝補壞卑者高之狹者廣之功倍於昔又於廟外故址繚以周垣舞樓正門東西二門皆飾以丹碧煥然更新自雍正丁未至己酉閱三歲而功成使非里之人同心協力以報神休何以有是哉夫時和年豐兆庶樂業仰事俯育飽煖之餘虔於祀事神降之惠永永無極理固然也朴者安於田畮歲獲有秋秀者讀其遺書以承先澤當必有接武而起者簪纓濟濟如昔之盛矣吾遠祖元大參公來陽城初入下交里後相繼者數世里之石記可考又其村人多有姻婭故為記之後之人知今日修復之功者亦當繼續不忘焉

峕大清雍正七年歲次己酉仲冬吉日

總理社事　原大吉　原景祥　原進傑

分理社事　原克慎　崔有貴　原　朴　原洪英

　　　　　原景房　原大朋　原大寵　原文斗

　　　　　蘆映實　原必強　孫新業　原在源立石

桂樹垌　牛才興施銀二錢　原大全施銀一錢五分

原福祐施銀一錢五分　原五倫施銀一錢五分

原大能施銀一錢五分　原　唐施銀五錢

李滋田施銀一錢五分　原克宜施銀一錢五分

蘆起仲施銀一錢五分　原呂厚施銀一錢五分

下掌　馬文廷施銀一錢

鉄匠　趙長著

油匠　吳伯成　原策施銀二錢

梓匠　原澤敬施銀四錢

玉工　□在佐施銀□□

畫匠　　白克振

磚匠　　王起邦施銀四錢

【考述】

勒石於清雍正七年（1729）十一月，現存於河北鎮下交湯帝廟內。圓首青石碑，碑身首一體，通高250釐米，寬77釐米，厚28釐米。此碑為陰陽兩面，陽面鑴刻《下交村重修廟記》，田嘉穀撰文，邑庠生楊培篆額，邑庠生原玫書丹。文記清雍正五年（1727）至七年（1729）原景祥、原大吉、原進傑等人修葺下交湯帝廟內外神祠事，同時提及廟宇創建年代。碑陽為佈施人姓名。保存完好。田嘉穀，陽城通濟里（今縣城東關）人。康熙壬辰（1712）進士，官至陝西道監察御史。（圖一二）

北留鎮郭峪村成湯廟

郭谷鎮重建大廟記

【碑文】

郭谷鎮重建大廟記

賜進士出身欽授浙江道加一級監察御史道莊陳昌言撰

賜進士第奉政大夫詹事府左春坊左諭德

兼內翰林秘書院修撰東山張爾素書

　　郭谷鎮大廟創於元之至正修於明之正德後災于嘉靖又修於萬曆其補葺者亦時有之迄今日乃盡撤其舊而重建焉既落成不以余不文俾記之以告於後於戲記以記其事耳烏用文為記其制正殿九間東西殿各三間東西角殿各三間視舊率高五尺深五尺殿前石台增以石欄改其路之旁行者而中之台下東樓上下十間西如之上以便觀會者下以待賓客及居汛掃之人其中几凳畢具舊無正門無戲樓肇為三門而戲樓在其上其旁兩樓以藏社物門外廈五間其旁兩樓以置鐘鼓雕甍繡桷絢采流丹神像森嚴作禮生悟記其費金一千八百兩記其時起於客歲之十月竣於今歲之七月記其分理則張君濟美張君多學張君元統張君金鉉張君元宷張君弘遠張君進賢裴君美馬君一正裴君天錫張君丕揚王君篤厚明俊王君瑞等記其主是役者則重新王君此一千八百兩之金君獨出七百兩有奇而又輟其家務昧爽而興從事於此廟之成實君之力察君之意猶若有所憾則以廟之四旁皆限於地不獲拓之使大然今昔較論相距固已遠矣君前中書舍人自茲廟而外所修建者不勝計他善行亦然義聲載路而未嘗以此自多蓋慷慨好施出於天性者此余為君記之意也

社首　　王重新　　陳經正　　張濟美　　張多學　　范紹仲　　盧時用

　　　　盧時擢　　衛之瑞　　張元統　　張元宷　　張進賢　　張金鉉

張弘遠	裴 美	馬一正	張弘猷	張萬化	裴天錫
王篤實	張丕揚	楊 松	張孝義	霍 瓚	趙 鶴
張嘉樂	王仲法	裴 褘	王篤厚	王明俊	王 瑞
劉養正	張盛基			仝立	

大清順治九年歲次壬辰菊月之吉

【考述】

　　勒石於清順治九年（1652）九月,現存陽城縣北留鎮郭峪湯帝廟。長方形青石碑,机凳座,碑高205釐米、寬87釐米,座長93、寬51、高46釐米。陳昌言撰文,張爾素書丹。文敘清順治八年（1651）十月至順治九年七月郭谷鎮重建成湯廟事。文中寫道：“郭谷鎮大廟創於元之至正,修於明之正德,後災於嘉靖,又修于萬曆”,廟中尚有一塊明碑,也提及這段歷史,以此可以確定,郭谷成湯廟應創建於元至正年間,即公元1341年至1368年間。考郭峪,古稱郭谷,二十世紀五六十年代才改稱今名。郭谷明清兩代人口衆多,經濟繁榮,時稱為鎮。陳昌言,字禹前,號泉山,一號道莊,陽城黃城村人。明崇禎甲戌（1634）進士,初為樂亭知縣,以考績升浙江道監察御史,出巡山東。入清後,官至監察御史,提督江南學政。張爾素,字賁白,號東山,陽城郭峪村人。清順治丙戌（1646）進士,官至刑部左侍郎。（圖一三）

北留鎮南留村成湯廟

重展成湯廟記

【碑文】

重展成湯廟記

　　元興四十餘載歷三帝至皇慶癸丑十月始以行科舉詔天下期以甲寅八月天下郡縣舉其賢者能者充貢有司以乙卯三月會試京師甲寅改元延祐次年乙卯三月廷試進士余得與張子起巖等五十六人賜恩榮宴於翰林院八月旋里忽里人暢庭顯等徵余言為擴克成湯殿記竊以享德者必報其功有功者必列於祀此神人交感之道萬世不易者也昔成湯厚澤配天愛民如子剪髮斷爪素車白馬身嬰白茅以為犧牲禱於桑林之□分兆姓之憂救七年之旱功被斯民亦云大矣血食茲土亦云久矣邑東三十里曰古南劉或云邨東山有漢光武帝劉秀廟故也此地平疇廣野與青岜紫邐相映□況地闢人和民安壽考亦勝地也舊有成湯庙不知所自創想曰桑林遺跡其来遠矣歷年久基址隘又天变地震柱礎傾圯里人庭顯暢君仝弟庭瑞每至於此無不悵然于是施地基一畝糾耆老暢贇暢忠暢洪暢思暢政暢著王祐王庭貴裴清張忠張琚張英李進栗恩等將正殿以更修並故

基而易展經之營之不日成之可以展祭祀可以奏歌樂顧不韙欤王善曰從古立廟奉祀皆所以報功德也湯之功德載於書歌於詩集於史其流風善政民到于今称之書曰黍稷非馨明德惟馨此之謂也爰繫歌章以祀於神□必享焉

粵有成湯　继夏而王　克寬克仁　撫綏萬方
功垂後世　有道之長　民思其德　作新廟堂
春祈秋報　日吉時良　內盡至誠　外施恭莊
酒旨牲嘉　黍稷馨香　神之格斯　乃降其祥
福我維何　歲日豐穰　衆之亨祀　永偕無疆
大元延祐二年歲次乙卯八月既望立石　　戊申翻刊

【考述】

勒石於元延祐二年（1315）八月十六日，現存北留鎮南留大廟。青石方碣，高86釐米，寬53釐米。碑記元皇慶延祐年間南留村擴展重修湯廟事。文中有對南留古村名來由的說明，有對成湯德澤的歌頌。碑文為延祐二年的一位進士撰寫，可惜沒有留下姓名。（圖一四）

北留鎮章訓村成湯廟

起水捐什物碑記

【碑文】

起水捐什物碑記

蓋聞莫為之前雖盛弗傳莫為之後雖美弗彰則事必待人而舉也明矣乃有昔年盛典越數十（下有約13字磨灭）抑亦舉其者之難乎其人也吾口舊規當春夏之交用旗傘前導約數百人拜水於崦山棲龍及河村虷蛤廟五年一舉率以為常自（下有約8字磨灭）用數十人拜水於棲龍宮而河村崦山之祀口久為曠典矣乾隆四十年自春徂夏亢陽不雨無麥無禾人心惶懼祈雨者靡神不舉漠無所應維（下有約9字磨灭）焚香齋壇越宿步祈於棲龍宮不三日而霖雨霑足人心大悅於是謀所以酬神者而起水之議興矣但此事曠廢多年旗傘什物蕩然無存憲典克（下有約6字磨灭）又勉其衆昆弟侄相與戮力而闔社亦各人人樂施共相勸勉無幾何時而盛事複舉矣第其倉猝之間大略雖有可觀尚多缺而未備次年衛克淮躬膺社首又復倡衆捐施而其子紹基為之綜理庶務不憚勤勞然後器用什物燦然明備遂於四月初八日演水初九日往河村拜水初十日崦山拜水十一日全水接至海會寺十二日本村拜水十三日往栖龍拜水全水送至橫嶺上十四日全水接至棲龍宮於戲休哉以六十年久曠之典一旦舉而行之所謂事必待人而舉者此其驗歟惟是所捐什物僅留賬簿未曾勒石今且數年矣若復更曆多年無可稽考不惟施主姓名湮沒不彰抑恐因循苟且什物將有失落之弊茲特將所捐姓

名並所存什物勒文貞珉以垂久遠微特志一時之盛且以勗後之踵其事者有其舉之莫或替焉而斯典不永存而無慮廢墜矣乎是為記

邑庠生衛之屏撰並書

住持僧悟　俊

玉　　工宋廷男

大清乾隆四十七年歲次壬寅嘉平上浣吉旦立石

【考述】

立石於清乾隆四十七年（1782），存北留章訓村湯廟拜亭下。圓頭騰龍雲紋碑。碑高200釐米，寬63釐米，厚23釐米。衛之屏撰並書。碑記乾隆四十一年章訓村的一次起水盛典。衛之屏，陽城章訓人。清嘉慶丙寅（1806）歲貢，後為候補司訓。（圖一五）

北留鎮西神頭村成湯廟

改建大殿
刱東西偏殿及殿前拜墀門外廡壁碑記

【碑文】

改建大殿刱東西偏殿及殿前拜墀門外廡壁碑記

今夫事之大者非一舉可成者也必有刱始者以作於前有繼起者以成於後乃可以集其事也是則昔人之所未成者皆有待於後人也而后人之所克成者實續緒乎前人也此兩相濟以相成者也然吾謂刱始者難而成終者尤難何難耳以遺大投難之任數起來成之功胥待以成則其責重望敏其事不可緩而其人為不可少矣如吾鄉湯帝廟建始莫紀其更而大之則壬申之歲始自南而西自西而東燕集之序更衣之所奏樂之次罔不悉備而北則曠蕪荒涼神寢湫隘乾艮兩方未經刱制而議者以歲事之不易材力之維艱謀暫息肩因為終止之計噫是役也功之成者十而九業之虧者四之一成昔人之志以立百世之功在此舉也胡謀敗於垂成也書曰為山九仞功虧一簣其是之謂與於是有先楊公應都者起而倡之謀於社眾圖成厥事而董事者若而人贊襄者若而人料物理財者若而人度廣袤者徒役拓基趾運木石削屢者赴工奮築者趨力移舊建新者雕像華玉越丙戌丁亥戊子三載而克成矣余觀是作也制度瓌偉過乎前經工庀財倍於舊而諸公經營伊始旦夕不遑厥功告成咸如知其素是雖成人之美而益自成其美事居後而功其首與余昔客茲土備知顛末因來告且乞詞爰書數語以示後祀亦不沒諸君之功云爾爰作頌曰奕奕湯廟猗與休哉神之憑之於皇樂胥九秋以報三春以祈犧牲之備粢盛斯齊拜献有節燕樂有儀仁讓以興孝弟是祇神祇是享風雨以時我倉如陵我庾如坻神人胥悅逸豫無期屢

唯豐年萬世賴之

計開使費（略）

庠生　　常　楚　譔　書

総督工事　張　□　栗　都　楊應朝　楊　浮

分督工事　暢　亮　楊應銓　張　棟　楊應鏜

　　　　　趙如松　原在忠　楊應錫　原在禎

　　　　　趙如傑　楊應鑄　張培□　原□□

　　　　　李永□　楊□□　楊□□

董督會計趙啟容　吳元□

道光拾年歲次庚寅秋七月之吉　　　立石

【考述】

　　清道光十年（1830）七月勒石，今存西神頭湯廟西偏殿門外。圭首青石碑，通高225釐米，寬75.5釐米，厚14釐米。碑座長90.5釐米，寬50釐米，高20釐米，常楚撰並書。碑記道光五至七年西神頭改建大殿創東西偏殿及殿前拜墀門外廡壁事。常楚，邑人，庠生。（圖一六）

修建拜殿碑記

【碑文】

修建拜殿碑記

　　自庚寅年神寢落成余謬誌之越甲午歲拜殿告竣後請弇於余將応之寔拙於弇否則是役也乃冠之會礼樂之塲陳牲設饌之所其典鉅其地重矣且七簣未成九仞猶慮所係大矣況諸君鳩工庀材勤勞甚矣□是三者余何敢弇因叙其事以紀之有初鮮有終收成在明覺我鄉稱直道舉事多卓犖在更帝廟拜殿尚剝落基趾難已植高廣猶□度□暑雨為苦和寒風肆虐俎豆□燥湿跪拜失誠悫執事久因循盈庭相唯諸怎奈且數載孰皆一提掇壯哉諸君子胸懷何綽綽毅然思振興鳩工事約極按戶徵徒役計畒輸錢穀既乃募班垂經營持矩矱度授規模程材命斤削畫梁兼雕甍丹楹復刻桷崇高日星連紛披錦繡錯既乃命圬人塗墍加黝堊桀上生雲霧縈際仰山岳嶽如新月來四野光照灼恍若升玉宇一望無溷濁堂皇既昭明風景且恢豁嗟彼九仞山賴此一簣璞寢廟頓改觀罿室益生色無復憂風雨且足致嚴恪三載告成功煥然若雲蕚君思治爾力勤勞何可沒珥筆紀其事爰以垂後裔

　　　　　庠生　常　楚　譔　書

道光十四年九月吉立　　　住持　吳元慧

【考述】

124

清道光十四年九月勒石，今嵌西神頭湯廟西看樓牆壁。圭首青石碑，通高156釐米，寬58釐米。常楚撰並書。碑記道光十四年西神頭修建湯廟拜殿事。常楚，邑人，庠生。（圖一七）

潤城鎮中莊村成湯廟

拜亭賦碑

【碑文】

拜亭賦

巍然者其亭兮自無而有亦誰為為之兮爰有厥叟依臺址而成樹待風雨於可久人庇大廈神亭明堂祝豚蹄於設襘載歌舞於陳嘗雖曰拜亭無乎不宜今不可彷古猶可齊者長解紛政事堂也湛樂飲酒醉翁亭也縉紳歸謁畫錦堂也大旱甘霖喜雨亭也四山飛玉瑞雪堂也乃慶秋成豐樂亭也使勞人憩此暫謂三休倘環以名花攸同四照非丘享天非澤禮地時乎祈禳蘭亭修禊摹之不盡載欣載歡聽四時之鳥奏閱萬里之屏山。爾迺徘徊亭畔且行且住感苔蘚之侵階憐孤松之尚穉其在經也東臨玨石西接屋山瞻兩峰之吞月慕一帝之傳丹其在緯也南望□深北控林密驚石澗之棲龍喜松濤之戞玉若有二三君子公是公非癉惡彰善豈嗣宗之雌黃真汝南之月旦即至一日之蜡一國若狂致觀者之不樂莫不有其□之可詳巍乎大哉僾臺前峙文巒後張石陳不鑄之鼎塔樹無烟之香見前之景色誠可挹也此日取新他年飭蠱思柳庄之見山念與園之老圃後世之丕承蓋亦遠矣凡我同社永結同心依殷湯之廟貌維周道之親親月吉拜朔月盈拜望謁帝參王莫拜乎上歷年愈久閱世彌深傷觀心之址廢慨萃芳之名存吾不知覽山河之風景誰其同宴集於新亭

邑庠生李友白漫言

王　沾謹書

【考述】

清順治十年（1653）五月五日立石，現存潤城鎮中莊村湯廟。方形青石牆碑，高176釐米，寬 157釐米。一碑鐫兩文。一篇為記，記拜亭的創建，寫拜亭的風光，頌創建者的功德。一篇為賦，與古代名亭相比，敷陳拜亭之美。恩貢進士李一桂撰記，邑庠生李友白寫賦，王沾書丹。保存完好。（圖一八）

金粧正殿油畫各拜亭記

【碑文】

金粧正殿油畫各拜亭記

嘗思天下事有相因而成者有相感而興者何則蓋創於前者有其基繼於後者非無效且一人倡之衆人勸之而謂事之难於奏績也吾不信矣如館廟湯帝殿於乾隆癸未歲闔社重修則破折者易而新之缺略者增而益之其規模式廊庶幾告備然神既有以妥其靈而儀像蒙翳棟梁暗淡豈足以肅人心之敬而壯觀瞻之麗哉今歲丁酉春余等入廟薦享咸有重新之舉第社中之積金有限恐於事乎無濟斯時在廟諸君子共相議曰神之所以庇民也以福民之所以報神也以敬苟受其福而不思所以報之□□其昧如是乎因而推輯瑞曹君總理大事應中曹君掌簿書記二君慨然從事又請佐理者幾人亦無不翕然嚮應於是勸眾□之□財□繪工之丹膡一旦壯嚴其神像黝堊其簷廊金碧輝煌神威煥彩於斯為盛乃其經營計畫雖未嘗庶越前徽而因其功而潤色之感其德而贊勸之則有始全終後先同揆也□此入斯廟者明乎立廟制祀之意群相勸勉庶乎人心向善俗厚風淳而共保常新於不替是吾之願也夫是吾之望也夫

恩貢生李廣業撰

衛爾身書

大清乾隆四十六年閏五月吉日闔社仝立

【考述】

勒石於清乾隆四十六年（1781）閏五月，現存潤城鎮中莊村湯廟。無首青石方碑，通高173釐米，寬68釐米，厚16釐米。下有碑座，長78釐米，寬40釐米、高40釐米。李廣業撰文，衛爾身書丹。碑記乾隆四十二年中莊村金粧湯帝殿、油畫各拜亭事。李廣業，中莊人，恩貢生。（圖一九）

重修東西客房看樓鐘鼓樓山門門外市房
並補葺一切碑記

【碑文】

重修東西客房看樓鐘鼓樓山門門外市房並補葺一切碑記

竊思凡事出於一人之私願則難成出於眾人所共願則易舉如吾村館廟之興築固眾人所共願者也館廟自創始以來各殿以及拜亭舞樓屢經重修補葺極為壯麗但東西客房看樓鐘鼓樓山門舊制與殿亭舞樓殊不相稱且兼歷年既久風雨摧殘幾至傾頹里中人嘗曰是曷弗捐金而重修之乎十二年春社中余族叔惠文公與余門人王元功衛交泰李儒林族弟殊恩泰甫成文意欲總理其事因各出已財做緣簿數函募諸遠方然功大費繁未便遽舉也至十九年秋在社諸君複議其事意猶未決越數日余表弟張學易張學禮特邀諸君重為議之慨

然樂施一時諸君咸稱羨之曰張君兄弟誠樂善之君子也館廟之工其由此而可成乎余於是亦深喜之遽與諸君持緣簿複募諸村中並本里各社一時莫不樂施焉又出廟內松樹一株共得金若干資用雖備猶需總理有人諸君僉曰是非老成經事者恐不足以勝其任因共舉三人焉得人以領其總余等亦各分其所司鳩工選材革故更新兩客房看樓舊制五間基址殊狹今則改為六間上為客房看樓下為禪室展其基址而擴大之鐘鼓樓舊制近於照壁今則移至東南西南隅雕其簷牙而高起之兩山門舊制卑且暗今則門前築台數尺闊其形勢而使卑者高暗者明又廟門外市房舊址平房兩間今亦徹底營修上建樓三間如此亦庶與山門相稱矣其他各殿以及拜亭舞樓並馬房破壞者皆為之補葺焉樸斲既勤丹雘以繼由是廟之內外煥然一新局勢彌覺恢宏規模益見整飭前後配合左右相宜較前無不稱之憾矣夫興築難事也有始者每鮮克有終而茲則功程浩大一舉而成非出於眾人所共願而能之乎茲計其工肇始於甲戌秋季落成於乙亥冬季工竣後諸君請余為文余不善於文特實序其事之始末以垂永遠云

　　庠生　曹　沕撰

　　庠生　曹成文書

　　大清嘉慶二十一年歲次丙子季春吉旦闔社仝立

【考述】

　　清嘉慶二十一年（1816）三月立石，現存潤城中莊湯帝廟。圓首青石碑，通高228釐米，寬80釐米，厚18釐米。曹沕撰文，曹成文書丹。碑記嘉慶十九年至二十一年中莊村修葺湯廟事。曹沕，中莊人，庠生。（圖二〇）

潤城鎮上伏村成湯廟

重修湯帝殿關王殿碑記

【碑文】

重修湯帝殿關王殿碑記　　　戊午科鄉貢進士白巷王淑陵撰

　　　　　　　　　　　　　儒學生員邑人于愷書

　　上佛寨去村百步許右俯沁河左控垂崖後臨絕壑獨前□一線通焉論地利此亦為最永足以戒不虞者也共上下平闊方圓十畝許金泰和五年邑人創修湯帝殿三楹蓋為禱應桑林蘇民困也關王殿三楹蓋為威震華夏扶衰□漢也規模宏大峻飭儼然帝王者居彼時神靈有統為民禦災為民捍患可想見矣爰入我朝天順間歷年久木石物色不能無損壞者故社首重加修焉尚易為也自天順迄嘉靖又凡百餘年矧地高亢風雨之浸日至如傾如禿殆不可與神共乙酉保合道士王和順乃居於此□見徹歎息焉偶有志而未達也延至丙午頹敗益甚乃謀及社老郭紅等僉曰俞哉遂募四方財卜日鳩飭乃材推陳致新焉有不足複出道囊以輔是年關王殿乃完

竣丙午至戊午湯帝殿始於之俱完也制度雖襲夫舊而整飭完固足垂不朽文采炳耀比前特壯麗焉更植名木
數株佳果幾種尤足以悅神而大觀也夫積數年劂續乃奏嗚乎其成之不易有如此者比因屬余為文以記其本
末余惟神者人之司命精神翕聚之地不容不慎也修之則緩神有地所以司命者益靈雨暘時若兆民允殖者再
見也威消不軌徒都避銳者默應也其利豈止一人一時已哉雖然尤有說焉殿庭者吾心之泰宇鬼神者吾心之
法象誠能因其修而修其在我內不失己如盤之日新外不失人如園之締好則湯與聖賢不遠于我而土木之興
有補於風□教也多矣因並書之刻之石以告之君子使知其成之不易者如此相與謹視而時修之是則王和順
與社之志也使知其說之有補於世者如此相與勸勉而修省之是則余之志也王和順余族屬也性英敏為人澹
泊於世味一無所欲惟篤好醫藥而已亦嘗修觀音廟土地廟與石橋道路者

    總理工緣社首　郭　紅　　于　漢　許仕和　許　鑒

    保和觀住持　　王和順　門徒　劉禮海　席禮湖

    沁水縣石工　　張世環　刊

大明嘉靖三十九年歲次庚申秋九月吉日立

【考述】

　　勒石於明嘉靖三十九年（1560）九月，今存上伏村湯廟白龍殿門外西側。圓首青石碑，通高177
釐米，寬75釐米，厚17釐米。下有方座，長86釐米，寬47釐米，高32釐米。王淑陵撰文，于愷書丹。
碑記明嘉靖二十五年至三十七年（1546－1558）道士王和順倡議並出資補助重修本村寨上湯帝殿、
關王殿事。從碑文中可知，上佛里早在金泰和五年（1205）就"創修湯帝殿三楹"，不過那時是建在
"去村百步許"的上佛寨中。考上伏村古名上佛，在二十世紀四五十年代才改為今名。王淑陵，字之
義，又字正吾，陽城白巷里（今潤城上莊）人。嘉靖四十四年（1565）進士，歷官嵩縣知縣、工部主
事，終至湖廣右參政。（圖二一）

上佛里大廟興造記

【碑文】

　　上佛里大廟興造記　　　　　里人韓蘇撰

　　方言謂里社為大廟所以別群廟也吾里大廟其中室畫孔子像其始莫詳其棟題元至正二十三年癸卯
重修至今壞極乃撤而重建置木主焉又以餘力樓其西南其他或補葺或丹堊以康熙四年乙巳七月興工明年
九月告成凡用銀六百兩有奇而飲食不與理之者許楊張三君也二三十年前里多高貲今往往中落凡社事雖
當易為之時猶云難也況當其難乎微三君不及此且重建之與補葺難易又分今為其難後可不勉其易歟此予
為記之意也抑予聞之里社者壇而祀土穀者也今諸里皆為廟其神多不同吾里至以孔子主之果何說耶夫
百一十戶為里里長春秋率錢為社社之時鋤強扶弱有誓其不若者擯不得與實與鄉約相表裏又社有學學有
師以教其民此皆制之近古者也今樓於西南者舊為申明亭三十年前猶揭此三字而社學至今諸里猶多揭於
廟中雖未能遽改廟神使合祀典苟存此數事不猶愈歟乃皆廢之而惟雜劇為歲事又何說耶嗚呼前所云難易

者不過財力耳若夫移風易俗其難奚翅相萬且非人之下所宜言然古有布衣而能易俗者敢謂後遂無其人歟予故並書之以為告焉許君名鳳舜鄉耆楊君名道振張君名邦柱皆庠生

分理社首　于大英　李　磐　張多盛　李　俸　路去程

許思仁　陳國安　于士然　許祚遠　張鳴祥

于夢成　趙鴻圖　許思哲　楊振華　許育英

栗思友

木　匠　栗　□

石　匠　延加旺

清康熙五年歲次丙午冬十月　　　邑學生楊德新書

【考述】

勒石於清康熙五年（1666）十月，今存上伏村湯廟白龍殿門外東側。圭首青石碑，通高218釐米，寬75釐米，厚22釐米。下有方座，長93.5釐米，寬53.5釐米，高32釐米。韓蘇撰文，楊德新書丹。碑記清康熙四年至五年（1665－1666）重修大廟中孔子殿事。韓蘇，上佛里人。能文擅詩，《澤州府志》和同治《陽城縣志》均收入其詩作《魃》）。（圖二二）

補修三官殿並建鐘鼓樓記

【碑文】

補修三官殿並建鐘鼓樓記　列廟皆有補葺

吾鄉大廟歷來久矣未審創自何紀考之正殿舊棟題元至正癸卯重修又三清殿前石記題元成宗大德六年重修想列廟建自不同時也惟三官尊神殿創自明成化六年自成化十一年雖云草就而兩角殿之琉璃垂膽則成于萬曆之六年也上下數十年間甫克竣事嗚呼可謂難矣經今二百餘稔其樑柱簷瓦獸琉璃無復完後余每歎前人之艱辛而後人不獲繼之因而聚眾謀曰大廟者吾鄉之望也三官殿居三門之上敝壞已極若自傾頹恐不減前人之難也幸而潤寰馬君首倡樂輸煥之栗君從而輔之諸君者說而和之所獲佈施僅不滿百於是鳩工聚材四月開工七月告成又勉力樓其東西以容鐘鼓焉前此未有也其樓下立驚秋冬巡夜之所更夫夜間不得進廟內諸房庶無作毀之累乎是舉也其財力雖出自村中之眾人而首事者蓋亦不勝拮据瘁痡之苦矣夫以眾人之財而為有益之事任勞任怨所不辭惟望後之君子有鑒於創建之難與補修之不易嗣葺之□替之庶斯功之不朽也哉

分理社首　于　□　楊桂芳　韓嗣琦　于金鳳　于乘雲

趙鴻撰　孫之驪　李如熹　于孔昌　許　培

楊　滋　郭毓魁　王　瑢　馬檀駿　趙　錦

許　鋒　路奇棠　李培□　許元家　許　絧

清康熙四十二年重九日介賓怡庵老人趙鴻功記　男賁書

【考述】

勒石於清康熙四十二年（1703）九月，今存上伏村湯廟東大門裏牆上。長方形青石碑，長100釐米，高35釐米。趙鴻功撰文，子趙賁書丹。碑記清康熙四十二年（1703）鄉飲介賓趙鴻功倡議、眾人協力補修三官殿並建鐘鼓樓事。趙鴻功，上佛里人。（圖二三）

上佛村重修大廟創建文廟碑記

【碑額】

流芳百世

【碑文】

上佛村重修大廟創建文廟碑記

昔先王之制為祀典也法施於民以死勤事以勞定國及能禦大災捍大患者皆祀之故厲山主稷共工主社自帝嚳而下堯舜禹與文武之祀不多見獨湯之祀吾郡往往有焉夫以寬治民而除其虐祭法故言之矣而鄉曲至今廟祀者毋亦以桑林禱雨六事恪天尤能賜福於民而未敢慢與至於至聖先師孔子則自天子王侯中國言六藝者莫不折衷主而祀之宜也而非可苟也陽城縣東三十里上佛村其西故有寨成湯廟在焉迨承平日久寨廢而乾隆壬子歲夏損於河半頹廟遂圮遂遷成湯像於村廟而村中大廟舊所謂里社以祀諸神者則又以先師孔子主其殿而奎星閣亦參處焉祀事礙於舉行抑亦難為計矣其廟之建無碑碣可考可稽者則自康熙四年補葺丹堊而本里韓公印蘇者為之記嗣後百數十年間大工未興乾隆壬子馬君令范楊君四知總理創建拜殿三楹而止迄嘉慶丙子村眾究心祀事因念成湯之位置難輕聖人之宮牆未立且穀神有主土神闕如而門之為樓以祀三官者又卑暗不足以壯觀瞻多年俱未議及想亦絀於力限於時前之人不能不有待於後也於是同社醵金並力為募化購鄰廟之地創建文廟移至聖木主於其中而奎星亦於其間另閣以奉之所遺正殿五楹則奉成湯像於其中三楹而補塑土神于左偏移奉穀神於右偏穀神所遺之室則增塑財神奎星所遺之閣則移奉三官三門鐘鼓樓之卑隘者則高大之歌台之褊淺者則深厚之以視從前規模闊大氣象喬皇報賽合其宜俎豆得其地所謂前之人不能不有待於後者其在斯乎是舉也于君青田栗君承先栗君豫州等鼓舞於始協力募化村眾凡捐輸之家悉登緣簿遂舉于君芝亭總理建修文廟及殿宇方就賫不給而工遂輟越數稔趙君書麟從外旋里毅然起任先以身倡族姓捐金若干爰邀芝亭于君承先栗君等鳩工庀材而百堵於是皆興矣顧工用繁繁捐賫費繼里中佈施雖陸續催收終不符用逾年大工又將中止乃復爭先倡首慷慨輸金一時社眾感而功乃底于成然自經始以迄成功匪伊朝夕趙君有時外出于君敬之總理一切靡室靡家任勞任怨曆三載餘而不倦此豈可與有始鮮終者同日語耶而協助總理者又有張君慎修趙君述誠竭力贊襄不辭勞瘁故自始至終克與于趙諸

君子相與有成也若夫催收佈施者則于君培緒于君實夫趙君榮洛栗君崇庵許君鳳岡等司簿籍者則李君敬慎韓君近漢于君子彰等司出納者則趙君銘功許君天開馬君鳳三等工始于嘉慶丙子至道光壬午而始竣計費不貲蓋成功若斯之難而諸君之善乃益不可沒也頃將落之栗李馬張諸君囑余為之記余因讀韓公之文而上下古今慨然有感蓋無定者天時可恃者人事創于前者不廢於後而缺于古者待補於今嗚呼後之視今亦猶今之視昔前之人不能不有待於今則今之人亦必不能不有賴於後因是敘其巔末存創始之略紀承繼之功勒諸貞珉以為後來者告

戊午科舉人檢選知縣沁邑張詩銘撰文
大清道光貳年歲次壬午桂月中秋日　闔社同立石

【考述】
　　勒石於清道光二年（1822）八月，今存上伏村湯廟成湯殿外西側。圭首青石碑，通高235釐米，寬90釐米，厚20釐米。下有方座，長98釐米，寬57釐米，高26.5釐米。張詩銘撰文，韓奎光書丹。碑文首先追述清乾隆五十七年（1792）創建拜殿三間事，接著敘嘉慶二十一年（1816）創建文廟，正殿移入成湯及穀神、土神、原奎星閣移奉三官等事。張詩銘，沁水寶莊人。嘉慶三年（1798）舉人，候選知縣。（圖二四）

潤城鎮王村成湯廟

王村重修成湯廟記

【碑額】
重修成湯廟記

【碑文】
王村重修成湯廟記
陽城縣學廩膳生員下孔郝蘭撰並書
　　嘗聞聖帝明王生於千百載之前而其餘澤未嘗不流於千百載之後君子小人生於千百載之後被其澤者未嘗不慕於千百載之前故曰德之入人之深感人之遠信不於我誣矣竊嘗考之有商成湯迺契之後裔繼夏而王天錫勇智而表正萬邦聖敬日躋而式於九圍誠大有為之君真不世出之主也然而適遭天旱七年不雨民皆饑色野有餓莩湯於斯也不罪諸歲而罪諸己不咎諸天而咎諸躬于是齋戒沐浴剪髮斷爪素車白馬身嬰白茅以身為牲祈禱於桑林之野昭告於蒼□之下六事自責之言未畢而上天滂沱之雨即降既霑既足于以蘇天下之民如膏如酥有以活万方之命及其崩也官民感其天覆之仁建廟於析城之境英靈赫赫精氣昭昭凡遇亢陽

禱之即雨是邑王村西抵析城竟七十里矣當邑之中古有成湯之廟號曰成湯行宮春於斯而乞秋於斯而報禦一邑之灾捍一邑之患福一邑之善禍一邑之淫感之而即通禱之而即應也迨夫大明正德四年孟夏朔日修醮送瘟偶遭灾變正殿三楹悉皆煨燼木植於是乎咸灰瓦石於是乎破碎牆壁於是乎傾頹聖像於是乎爆毀嗚呼廟既毀矣神豈在哉一邑之民將何所仰于是社眾人等推舉省祭官王瓚耆老郭素為之總理量度謀為出納錢帛凡彼大岡皆其所主郭偉郭志善郭守然郭子賢為之羽翼左右贊襄往來催督凡彼庶務舉其所司各發虔心克勤迺事寒暑六遷初心益勵又能緣人之情以禮獎勸故邑人不私所有而樂舍己貲罔憚其勞而急於趨事複立正殿三楹榱題巍聳似翬如飛琉璃獸脊爭光耀日中塑成湯之像左有伊尹之輔右有仲虺之臣东西兩壁燦然鮮美前後門牖煥然一新規模深邃壯貌森嚴神於是而可安民以之而可仰也夫抑斯舉也豈易為哉起工於正德己巳之夏落成於正德甲戌之春由始逮終歲更六易雖曰重修功加創始豐功偉烈宜勒於珉顧余菲才不堪所請謹按行狀之言遂不揣鄙之陋故前述其事以著修理之由後列其名以彰樂成之意傳之後世垂之悠久猗歟盛哉旹

　　大明正德九年歲在甲戌季春初旬吉日立

　　木匠何恭禮　何子麒　潘子麟

　　石匠陳璋　陳公棋　陳公寶

　　丹青李公純　李表　李仁

　　泥水匠李子占　李子王

　　琉璃匠喬宗信　鐵匠口然　裴寧

　　廟老陳生　刊字匠本邑陳攻玉

【考述】

　　勒石於明正德九年（1514）三月，現存王村湯廟正殿。圓首青石碑，通高215、寬91、厚16釐米。郝蘭撰文並書丹。碑頌成湯罪己祈雨的功德，記明正德四年至九年王村湯廟遭火災後重建事。郝蘭，陽城下孔村人，縣學廩膳生員。（圖二五）

補修成湯廟記

【碑額】

補修社廟碑記

【碑文】

補修成湯廟記

山東東昌府武城縣知縣邑人忠銘王家卿撰

佾生員王褆書施銀四錢

易曰大人者與天地合其德與鬼神合其吉凶由此觀之天地鬼神不在幻化杳冥之中即在當人之身矣又何以立廟宇而崇祀之也孔子曰務民之義敬鬼神而遠之言遠特為諂媚者立防耳非謂鬼神與民義二之也誠知人與鬼神相通之處則人非鬼神不祐鬼神非人不靈大抵棟橑楷梯與夫尸而祝之社而稷之皆所以致孝乎鬼神而陟降乎人心者也況雨暘時若祈災禳患並生成報答之常又民義之不可無者矣是邑大廟巋然為一村之主星伏臘奔走春秋享獻有自來矣創遠陵弛修而葺之者非一時至明萬曆乙巳歲頹圮特甚首社弟王家相等覩其湫隘不足以妥靈揭處而又梲桷摧折丹堊剝陊咸感激曰廟所以格鬼神廕庥氓甿今圯壞若此誰尸其土而遺之咎將何以徼福冥惠乎於是集金若干緡鳩若工庀若材拓若址而就乃事作始于季秋元旦飾正殿五谷殿暨舞楼兩廊粧嚴其聖像規模煥然一新矣越明年九月望日複修神馬柵欄兩角楼二楹城門楼三楹增修門二層萬曆戊申歲又於城門外創修西房東西攔馬牆並大門城牆等五道殿東南角楼五楹萬曆庚戌九月二十二日二廊殿前修東房三楹不數年間廟乃牧牧翼翼矣嗣是一方之癘疫頓息士奮于黌農謳於野歲無大祲斂曰惟神之休乃相與礱石謁余為文余惟神聰明正直靈應不爽業廟而貌之矣千秋萬歲保釐我氓孔安寧有既乎敬摭巔末以誌不朽云

計開佈施花名于後（約二百三十餘人，略）

大明萬曆四十二年七月吉日立

【考述】

勒石於明萬曆四十二年（1614）七月，現存潤城鎮王村村湯廟正殿。圓首青石碑，碑身首一體，通高149釐米，寬67釐米，厚13釐米。王家卿撰文，王褆書丹。碑記明萬曆三十三年至三十八年間社首王家相等補修王村成湯廟事。王家卿，字忠銘，王村人。萬曆二十七年貢生，曾任洪洞縣儒學教諭，後升任山東東昌府武城縣知縣。（圖二六）

增補成湯社廟誌

【碑額】

增補修廟碑記

【碑文】

增補成湯社廟誌

洪洞縣儒学教諭陞山東武城縣知縣邑人鄉貢進士忠銘王家卿撰　孫生員王玉衡同弟王繩施銀一錢

庠生程桂書施銀三錢

盖聞天下事有似難而實易者有似易而實難者諸凡剏作名邑巨鎮富室森然集財易舉事亦易王村久稱匱乏社眾推舉王子諱祒為社首每辭厥任而未能經營籌度昕夕靡寧其在萬曆二十四年舉高禖祠等神則重新之祠前月臺則剏修之越数載於舞楼前捲棚亭臺復為剏舉正殿前月臺關聖帝前月臺又為剏舉其正殿

香亭醮盆並大香亭復化眾冶鑄且安舞楼東西两門以分内外整理西南房四間四十三年朔塑白龍風神等像四十六年改塑关聖帝法像侍臣二像天啟三年塑爐窑二神伐石柱四根以待後用嗟夫祻真可謂難矣真可謂有志未逮矣余自掛冠歸里荒旱频仍至萬曆四十五年飛蝗蔽日遠邇驚骇祻倡眾祷雨祭蝗等事舉皇皇焉敬慎有足多者余固嘉其能惜其志未竟也後有覩其記而興思必有激而修廢補敝者是亦見羊存禮意也余為記

　　大明天啟四年四月吉日　立

【考述】

　　勒石於明天啟四年（1624）四月，現存陽城縣潤城鎮王村村湯廟正殿。圓首青石碑，碑身首一體，通高163釐米，寬65釐米。王家卿撰文，程桂書丹。碑記社首王祻從明萬曆二十四年至四十六年二十多年間增補成湯廟各殿宇事。王家卿，生平里籍見前文。（圖二七）

重修成湯關帝白龍財神張仙
創修風神並東西廊房碑記

【碑文】

　　莫為之前雖美弗彰莫為之後雖盛弗傳人事之興廢與天運之盈縮默相倚伏者也吾村寧遠寨創自盛朝爰塑湯帝諸神為春秋祈報之所風雨飄搖傾頹幾為茂草葳在庚戌首事諸公邀鄉耆督理伐過盛之楸柏五采諸殿創建客房巍乎煥乎赫然□望是役也諸公之協力與前哲之栽培均不可沒也遂援筆而誌之

　　邑生員衛詩撰並書
　　計開使費列後（略）
　　佈施列於後（約30人）
　　大清乾隆五十五年十一月吉旦立

【考述】

　　勒石於清乾隆五十五年（1790）十一月，現存陽城縣潤城鎮王村村。圭首青石碑，通高143釐米，寬68釐米，厚13釐米。衛詩撰並書。碑記乾隆五十五年重修寧遠寨諸神殿事。衛詩，王村人，邑生員。（圖二八）

潤城鎮大安頭村成湯廟

重修大殿創修舞樓南楼西樓小東房碑記

【碑額】
永垂不朽

【碑文】
重修大殿創修舞楼南楼西楼小東房碑記

天壤間凡有村庄必有廟宇有廟宇必尊一神以為主或春祈或秋報歲時伏臘吹豳飲蜡雖不比古人立社之意是亦鄉約所□□□□□□□□□□名大庵者昔年陽城可樂山塚宰王公□遊此地其山靜似太古日長如小年且有茂林哨壁丹崖飛泉因而又命名曰可樂山公即以此為號曰可樂山人旧有湯帝尊神廟宇創建有年未免年深日久漸次穨圮茲有住持僧覺慈募緣重修且欲別造舞楼三楹惜年地基從前村中善信曾問余家募化廟前地基餘家窈念先大司農未發□之時創業維艱未□即□今（下漫漶數字）善姓同僧覺慈復來求化因思何地非神何神不當敬也是以喜施此地以建舞楼僧覺慈同村中善信有財者捐財有力者輸力不日將正殿舞樓煥然一新功非淺□□種無疆勒石永垂不朽

維首辦事管石匠張　春
　　買辦王　瑞　馬金元
　　木植王　宣
佈施張　奉　安正元
派飯張體荣
　　管催工王居忠　王居久　張　興
　　　王居礼　安　喜　王居荣
　總社王居相　　住持僧覺慈孫善直
乾隆二十一年十月十五日　　　可樂山大社勒石

【考述】
勒石於清乾隆二十一年（1756）十月，今存大安頭村湯廟正殿東側。圓首青石碑，通高170釐米，寬65釐米，厚17釐米。下有石座，長80釐米，寬44釐米，高35釐米。無撰書人姓名。碑記大安頭村王家人施地，住持僧覺慈募捐，全村人捐財輸力重修湯廟大殿創修舞樓南樓西樓小東房事。（圖二九）

重修高禖殿東西看樓禪室門樓碑記

【碑額】

流芳百世

【碑文】

重修高禖殿東西看樓禪室門樓碑記

詩有云維嶽降神□甫及申誠以山嶽鍾毓之奇固自不凡耳我陽邑之東有大庵村去城四十里其地皆崇山峻嶺层巒深壑乃洞陽山之來脈也昔冢宰王公寔生於斯厥後擢高科登顯仕復□居於上庄村而山林之樂未嘗忘也故晚年解組歸來日遊是地蓋以其蒼翠詭狀綺絔繡錯遊目騁懷樂也奚極因更名曰可樂山而即自號曰可樂山人是大庵村謂非陽邑之勝地而鍾毓有獨奇歟村中舊有湯帝廟內有高禖殿三楹以及東西看樓禪室門樓因歷年久遠漸就頹圮道光五歲村中二三樂善者同闔社商議凡廟中之廢墜者悉重修之所需工費按社公捐茲者功已告竣諸公輸財之雅意好善之深心不容□□爰勒石以垂永久且勸來茲云

邑少城趙子交譔文

邑鐵冶趙文煥書丹

旹大清道光十二年十一月吉旦閤社立石

【考述】

勒石於清道光十二年（1832）十一月，今存大安頭村湯廟正殿西側。圓首青石碑，通高158釐米，寬68釐米，厚17釐米。下有石座，長80釐米，寬45釐米，高30釐米。趙子交譔文，趙文煥書丹。碑記大安頭村從道光五年開始重修湯廟中高禖殿東西看樓禪室門樓事。趙子交，陽城潤城人，生平不詳。（圖三〇）

蟒河鎮桑林村成湯廟

補修龍牛王殿並東柵旁碑記

【碑文】

補修龍牛王殿並東柵旁碑記

古之生有功德于民者沒則其馨香以祀之蓋其貽澤難忘其答報之心自不容已也吾陽之南谷中桑林者析城峙其西太行繞其南峰巒聳秀淑氣是鍾昔人相擇土宜特建成湯大廟而配以龍王牛王爾來雨暘魚忿犉

軸繁育休哉神之保愛詎有盡耶奈歷年久遠漸即凋殘居民向義者望而戚然共舉武張公永武王公等九人總理其理于是捐貲督工補修龍王殿三間牛王殿三間東柵旁上下十二間且削平門外之路使便于往来又別置廁坑一區自道光十四年三月開工至七月而告竣此其經營之勞正不忍為湮沒矣顧嘗考之古史

湯踐阼後旱閱七載第書其祷雨桑林不詳其地之所在惟本（應爲太）平寰宇記以為都于南亳在穀熟縣西南三十五里則距吾陽千里之遙安知此桑林者非名相同遂附會其說謂當日祷雨之處即在斯也公等于功之成咸欲勒諸貞珉要未敢異其永傳不朽與前人競美不過祈神得所依奕業後偶值凋敝母（毋）相安於頹廢焉可耳

廩膳生員宋毓靈撰

住持廣　潮施錢三千一百五十文

鄉老吳有官　王永林　吉　利　王得福　牛□□

　　郭進倫　刘太□　崔　束　成萬全

修理社首王進寬　張太松　崔洪瑞　王永武　張　武

　　酒聚江　刘　璋　崔　興　成蘭義

　　玉工王永旺　馬萬祿

大清道光十八年歲在戊戌初秋吉旦　　　　　全立石

【考述】

勒石於清道光十八年（1838）初秋，碑現在蟒河鎮桑林村路邊。圭首青石碑通高224釐米，寬86.5釐米，厚13釐米。廩膳生員宋毓靈撰文。碑記道光十四年（1834）三至七月桑林村補修龍王牛王殿並東柵旁房屋等事。碑石完好。宋毓靈，生平里籍待考。（圖三一）

補修正殿獻庭彩畫□□碑記

【碑文】

補修正殿獻庭彩画□□碑記

桑林河出麻婁諸山□□□□東北□□土多桑故以桑林名俗傳即成湯祷雨處夫湯居亳漢之谷熟今睢寧間地耳即雲湯遷偃師亦六七百里為祷若否是不可知澤人遵其說遂廟祀遍邑境焉上桑林者南飛砥柱之雲西繞析城之翠水碧山青亦陽阿一勝境也□其邨奉湯像為春秋祈報地閱時既久風雨剝蝕上漏旁穿入廟者睹燕麦于秋階覽菀葵於月檻既銅駝之在荊棘矣歲甲午継禹酒公世翠劉公起茂王公存均張公進喜王公太和王公發全酒公運□崔公得銀寶公九人約藻繪而修葺之於是諏日鳩工□□貧不惮劳凡正殿三楹拜庭一所梁棟榱題及戶牖欄楯無弗飾以丹雘煥然聿新斯時也重簷復拱勢若鶱飛鴛瓦參差叩脊旁午日光（以下殘缺）

【考述】

此碑缺失一半，埋在一戶農家拖拉機房的門下，既不見撰書人姓名，也無勒石年月。碑記甲午年上桑林村補修湯廟正殿獻庭並裝飾廟中殿宇事。文中寫道桑林因"多桑故以桑林名"，可見今之桑林村，古時確為"桑林"。（圖三二）

邑侯秦太老爺寬免蘭草碑

【碑額】

絕蘭碑

【碑文】

邑侯秦太老爺寬免蘭草碑

望漭河地雖名河其實皆山焉山谷之中舊多蘭草先世每於□□□献邑侯亦献芹意也乃始而自献後則差徵相沿既久為害難絕今□地牌頭小甲據實呈稟我慈秦太老爺始知根苗盡絕鈞諭寬免居民感戴宏恩因勒諸石

　　　　　望漭河合社居民仝勒

嘉慶十五年三月穀旦

【考述】

勒石於清嘉慶十五年（1810）三月，今存蟒河村黃龍廟。圓首青石方碑，通高91.5釐米，寬46.5釐米，厚12釐米。碑記知縣秦維峻（甘肅皋蘭人）體恤民情，下令免徵蘭草事。（圖三三）

施地修路碑記

【碑額】

路碑記

【碑文】

嘗觀莽山道路甚崎嶇尤阻塞如草坪溝東通壎頭官道行人所必及之嶇而蓬蒿叢生艾藋如林飛鼯野貜嘯嗷不時人多震恐修除不便永亨李君等定舉元中時君等各將地邊所佔用者樂施于社人不沒其美意並將修路工貲同勒於石以垂不朽云

　　　　　童儒　謝伯熊　撰並書

138

玉工李口口　李口口

　　嘉慶二十二年孟冬吉旦立

【考述】

　　勒石於清嘉慶二十二年（1817）十月，今存蟒河村黃龍廟。圓首青石方碑，上殘損，高81釐米，寬44釐米，厚14.5釐米。謝伯熊撰並書。碑記時中元等施地修路事。謝伯熊，儒生，生平里籍不詳。（圖三四）

重修碑記

【碑額】

重修碑記

【碑文】

　　邑南皆山也而莽山尤峻奇奇怪怪迥出翰墨蹊徑故圖經紀勝曰望莽郡志曰橫望葢取青山綠水雲煙景色一覽兼收之義往嘗踞山巔行山麓析城西來層巒疊嶂篸岇扵後太行前列宛若城闕環山之中稍平處嶨然特立有湯帝行宮羣峰拱秀眾水交流濤聲泙湃洋潢流漸遙瞻俯聽洵稱勝地奇觀幾忘其為郊野山林矣豈但青雲谷試劍鋒繫馬椿梳洗口石人勝地足供玩賞已乎其東偏更有黃龍宮下有神池左右鄰里叩輦求庇者皆于斯乎是禱奈歲月寖多藻壁傾欹金容剝落碎滴斷瓴神無所棲宰社諸君成廣兆等與舊首事時定祥等同心戮力猶恐貲費不給工程浩大公舉督工協理成法有等始終綜理不怠將大殿高起數尺兩角殿亦重為修葺彼此黽勉而成廣兆等復出囊資外修東廡迴廊數椽斯入廟者仰瞻殿宇輝煌聖像莊嚴庶足以妥神靈肅祀事余不文爰據實而為之記

　　　　　　府儒學生員李煥章沐手謹撰並書

　　嘉慶二十二年陽月吉旦　　　敬刊

【考述】

　　勒石於清嘉慶二十二年（1817）十月，今存蟒河村黃龍廟。圓首青石方碑，通高147.5釐米，寬53.5釐米，厚17釐米。李煥章撰並書。碑記成廣兆與時定祥等新舊社首同心戮力重修蟒河村湯帝行宮事。李煥章，字鑒塘，號澗逸，潤城上伏村人。嘉慶、道光年間陽城詩人，曾與延常編輯《樊南詩鈔》（別集、附集），與楊慶雲編輯《梅花詩社同吟集》，著有《味無味齋詩集》。（圖三五）

擴修湯廟舞樓碑記

為善最樂

【碑文】

盖闻經始創建端賴先世而添修補造尤需後人矣此黃龍庙右傍初時止有舞楼五間先輩於舞楼上首對修湯帝行宮七間左山配以闗帝藥王風虫二王諸神右山配以五瘟蚕姑諸神左右廂楼各七間下為禅堂上作看楼誠盛事也然庙高而舞楼太卑殿濶而舞楼獨狹於庙為不稱观者誠索然與道光元年樊君進文等三人為執年社首積社商議重修舞楼眾皆唯唯首肯於是每年秋谷夏麦按户喜捐累利樂施收積至三年罷職續時君定祥等三人仍前收積遂將舞楼五間四角落台改為七間鳩工庀材興徒興役不数月而工程浩竣前卑而今高前狹而今濶極鳥革翬飛之華備美輪美奐之盛豈不神人共暢也哉然微督工總理執年社首協同合社人等樂善不倦之力不及此故勒諸貞珉以垂不朽云

濟邑成永昌沐手并撰書

道光陸年十月十二日上浣

玉工馬交運　馬海敦　木工靳昇　仝立

【考述】

勒石於清道光六年（1826）十月，今存蟒河村黃龍廟。青石方碑，高148.5釐米，寬59釐米，厚14釐米。成永昌撰並書。碑記清道光元年至道光三年兩屆執年社首收集穀麥重修蟒河村湯廟舞樓事。成永昌，河南濟原人，生平待考。（圖三六）

蟒河鎮華樹坪村成湯廟

增修山門雲梯碑記

【碑額】

重修碑記

【碑文】

增脩山門雲梯碑記

盖聞天道遠而人道迩凡有求於神必有驗於人此幽明一理之謂按經云凡□□□道莫急於礼也有五經莫□於祭祀者所以報功而祈福也要必竭誠盡慎事無愧怍然後可以享祀不忒而神保無疆考□志治東南五十里近有山曰砥柱絕頂之上古建成湯帝廟其山峰特高秀與析城王屋勢相連屬青蘿流包於前桑林環轉於後左臨孤峰之莽山右□五斗之仙嶂中結一脈迤絡於化樹坪坪之側另起一峰俗稱菜地圪塔古建嘉潤公祠兩角殿蚕姑樂王東西廊廡龍王高禖社人每逢朔望祭祀之期焚香拜祝無不輒应迄今年遠世湮不知經越幾重脩矣惟有南臨崖塹下有土阜前人意欲築石起建奈無銀錢之積自咸豐九年張君聚荣宋君米泰馬君法彪侯君錫貴四人充膺宰社每議欲完其功方與社眾議曰欲建世功先尋金貲出処社眾僉曰議定在社大小庄戶將每年所收田租尽行報社每石納給二升名曰不瞞天此日積月累不數年而金貲足用於是鳩工庀才擇吉開工新起山棚三间代大門一所又砌云梯二十余階以及殘缺者補之傾圮者築之並金裝聖像油画新起山棚大門西廊一帶金碧全施煥然可观嗚呼一舉也雖曰人事豈非天意哉是役也經始於同治七年春前成於八年秋庶幾神棲得所而祭則受福矣將以之祈年而豐年以之祈福而神降之福又豈有非礼不享不務義而貽瀆神之誚也哉今將屢年所入之貲與所出之費並捐輸督工姓名勒之於石以垂不朽是為記

恩賜國子監太孝生本山主人綏章氏侯錫斿沐手敬撰

張敦金並書

　　　總理社首馬法彪施錢伍千施捨小鑼一面

張聚荣施錢拾肆千文

宋米泰施錢式千伍百文

侯錫貴施錢肆千文

大清同治捌年拾貳月初九日歲次丙午吉旦立

【考述】

勒石於清同治八年（1869）十二月初九日，碑存於蟒河鎮華樹坪。圓首青石碑通高168釐米，寬65釐米，厚17 釐米。侯錫斿撰，張敦金書。碑文記錄同治七年春至八年秋首社張聚榮、宋米泰、馬法彪、侯錫貴增修山門、砌雲梯、金裝聖像等事。讀碑文可知在砥柱山頂、菜圪塔峰頂都建有祭祀成湯的廟宇。碑石保存完好。侯錫斿，陽城華樹坪人，太學生。（圖三七）

補修山神大殿及山豬為害碑記

【碑額】

萬古流傳

【碑文】

底柱之西有菜地圪塔社古者立廟於斯為鄰近各莊祈報所歷年已久矣自光緒二十三年有文煥侯公敦

金張公二人入廟宰社每當祭祀之時歎殿宇中樸而無華不足以妥神故於壬寅之春捐貲財召良工遂經營山神大殿神蠶姑殿牛王殿將將殿之神像一一皆金裝而飾之以及三殿之內外在在皆繪畫而絢之金碧輝煌煥然一新其功不亦大乎茲當功成勒石之際社宰侯公囑余為記曰此數年山豬成群吾幼時未聞有此今也其害不小願與成功合記之餘曰諾此必有所由來矣慨自大褉既過地闊人稀山深林密故日久而山豬生焉每當五穀將熟之時數十成群夜深入地而食之無論一畝二畝之禾一夜則糟蹋幾盡矣此其害豈可勝言哉余因侯公之囑不能固辭故敘社宰之工並山豬之害二者皆記於石上

邑庠生香臺崔步雲薰沐敬撰

邑南本山主人職員侯文煥丹書

總理社首侯文煥　　張敦金

峕大清光緒叁拾弍年十一月二十一日吉立

【考述】

勒石於清光緒三十二年（1906）十一月二十一日，碑存於蟒河華樹坪。圓首青石碑，通高158釐米，寬53釐米，厚18釐米。碑文記錄了補修菜地疙瘩社補修山神廟的經過以及本地山豬為害的情況。崔步雲撰文，侯文煥書丹。保存完好。崔步雲，陽城人，縣學生員。（圖三八）

蟒河鎮西凡村成湯廟

重修成湯廟記

【碑額】

重修碑記

【碑文】

陽城縣東南二十五里凡礼村古有成湯廟年久風雨損壞傾頹廟宇闔社議舉里人宋承玉宋承凰宋承□□□□□□□□宋汝蘭許自齊目擊心傷欲更新而苦於力之不勝遂集里眾相議□□□□□□庀材重加修飾葺其舊而其新經始康熙三十四年落成一時壯麗廟貌重輝□我民□□㞷矣而後遂以為祈報也以其地之闊而人之便也里人俾余為記余不能文□□述其□□

康熙四十一年六月二十五日

木匠王好強　張興順　　石匠靳伏成

　　勒石於康熙四十一年六月，現存西凡村湯廟正殿外西牆。圓首青石碑，通高102釐米，寬51釐米。無撰寫人姓名。碑記康熙三十四年（1695）西凡村修葺湯廟事。碑石完好。（圖三九）

蟒河鎮孔池村成湯廟

重修湯帝廟碑序

【碑文】

重修湯帝廟碑序

　　嘗謂湯王尊神聰明正直陰宰一方福善庇民顯應於彰故省郡州縣莫不墙垣萬仞俎豆秋□所以妥靈佑神昭其大典也吾村之南有湯帝廟規制邊密矩度弘遠不知建自何代日益一日漸就蔽壞不□□棟之摧殘非復神像之輝煌也村中維首陳玉陳良陳宣陳定等於朔望行香之際見其瓦礫穿甍砌缺裂其寢亦凜然而將壓遂慨然捐金首倡再募村之願欲者凡素封之家固望厚捐而慨施即□寒之里猶典畢而以毅任庶合群簇之財以成盛舉社眾欲創厥工於雍正甲寅年吉月開工重修堂殿三楹東殿三楹西角殿三楹金粧三堂神像西角殿又塑馬王一尊迄今完工告成凡我同社之人努力企心樂施捐金共成美事現如是殿宇截然壯觀神像煥然一新惟願神靈衛之福慶隨之人安物阜豫順休風是誠吾村之大光也□費一切木植工食錢粮屢年積聚不瞞固並鐫之于石萬載不朽而誌之云

　　　　　　　澤郡庠生趙天成撰

　　　　　陰陽　　陳立田書

　　峕大清乾隆元年歲次丙辰仲冬吉旦　　仝　立

【考述】

　　勒石於清乾隆元年（1736）十一月，今存孔池村湯廟。碑僕於地，碑身斷為兩截。有團龍碑首，龜趺碑座，雕刻精美。碑首高100釐米，寬82釐米，厚30釐米。碑身高224釐米，寬75釐米，厚22.5釐米。趙天成撰文，陳立田書丹。碑記雍正十二年（1734）至乾隆元年孔池村重修湯廟事。趙天成，澤州府學生員，里籍不詳。（圖四〇）

重瓦舞樓與兩角兩廊捐財碑記

【碑文】

重瓦舞楼與兩角兩廊捐財碑記

　　聞之詩曰予室翹翹風雨所漂搖則知室之成者歷久必敝救敝之方惟在補瓦若斯廟之舞楼垣墻雖固而瓦甍簷阿之間其亦極漂搖之至矣將欲格神而和人宜修葺之是急於是一郷之人咸舉陳進金等以董厥事之数人也同心致志計社分以捐貲鳩工庀材合眾力而奏績將見瓦縫參差登臺無陰雨之患簷牙高啄入庙有翬飛之覌而且左右兩角東西兩廊亦皆整其瓦桷飾其門墙彤之膓之采色煌煌□向之漂搖太甚者而今則如松之茂矣風雨攸除矣余雖固陋不足言文而諸君拮据之勞常目視之夫何忍沒其苦心而不為之誌以昭示後人乎

　　　　　　居士登庸陳世科薫沐拜撰丹書

　　峕大清乾隆四十六季歳在辛丑七月初七吉旦合社勒石

【考述】

　　勒石於清乾隆四十六年（1781）七月，今存孔池村湯廟，僕倒於正殿東側。圓首青石碑，通高210釐米，寬81釐米，厚20釐米。陳世科撰文並書丹。碑記孔池村推舉陳進金等董事重修湯廟舞樓兩角兩廊事。陳世科，生平里籍不詳。（圖四一）

蟒河鎮石臼村成湯廟

重修成湯聖帝廟碑銘

【碑文】

重修成湯聖帝廟碑銘

　　粤稽邃古之初肇自洪濛狉獉歷選列辟莫定斯民軒皇以前遐哉邈乎其詳不可得聞己□乎宣聖書断唐虞麟麟炳炳□蕩無垠亦越姒王（以下漫漶數字）峋嶸石紐元圭底績迨成湯之受命也神鳥兆祥聖□□躋升陑造□耿命不釐□一德于阿衡式九閨乎氏羌懷生之類□濡浸潤邇愜（以下漫漶數字）源遐闊泳沫其德被者鴻矣天災流行旱魃為虐悼七載之赫爍勤六事以禱綮誠堪格天甘霖沛降乎膚□膏深敷地靈液滂沱乎浹旬輊（以下漫漶數字）艱瘼雖九年之沴無傷時雍四載之勤卒致烝粒何以異歟陽邑属古冀州於偃毫為畿內地邑東（以下壓在石柱下，有二十餘字難見）有成湯聖帝廟未知創自何時前人重修者屢矣但風雨漂剝殿宇金碧漸就闇汶今有本鎮居（以下壓在石柱下，有二十餘字難見）眾捐貲募化不数月乃得金百数皆聖帝聲靈赫濯有以成之也爰鳩工庀材甍瓦重新丹臒畢（以下壓在石柱下，有二十餘字難見）琉璃共□莊嚴功成未告復飭拜殿三楹東客堂看楼上下一十四間廟外新創廁坑一所□堊□（以下壓在石柱下，有二十餘字難見）乎竭神靈於是乎慰行見時和年豐雨暘時若稷黍介矣士女□矣堂乎皇哉皇乎堂哉□僻處河（以下壓在石柱下，有二十餘字難見）增生□強登山遊覽同鄉趙君永安郭君名魁族弟□選貿易斯鎮借作北道主人通功竣勒石（以下壓在石柱下，有二十餘字難見）簡筆懇辭不□狀念系出帝乙庇濛烈祖鴻休沐本水源敢委讜另恭疏短引用表寅畏謹作頌曰（以下壓在石柱下，有二十餘字難見）表正萬方遇□而懼祈禱穹蒼剪爪代犧焚身除殃靈感□蒸□舞商王桑林（以下壓在石柱下，有二十餘字難見）前創後継俎豆馨香我来斯域傴僂垣牆□□□□世系可詳匍匐拜跪誠恐誠（以下壓在石柱下，有二十餘字難見）

己酉恩科舉人候選知縣□□汝甯府西平縣儒學訓導河南懷慶府孟邑裔孫郝景藩薰沐（以下壓在石柱下，有字難見）

旹大清嘉慶二十三年歲次戊寅□仲夷則吉旦

【考述】

勒石於清嘉慶二十三年（1818）七月，今存石臼村村委會院（原成湯廟）內。圓首青石碑，通高203釐米，寬72.5釐米。郝景藩撰文，書丹人名字因碑石剝泐莫辨。碑記石臼村重修成湯廟事，因碑石一角壓在石柱下，有部分文字掩沒，只可略知大概。郝景藩，河南孟縣人。乾隆五十四年（1789）恩科舉人，汝甯府西平縣儒學訓導，候選知縣。（圖四二）

白桑鄉劉莊村成湯廟

劉家莊重修成湯殿碑記

【碑文】

劉家庄重修成湯殿碑記

邑東南劉家庄古有成湯廟歷年久遠風雨剝蝕一時礼拜於中者目擊心傷每欲起而新之而渺茲村落有其誌莫之逮也道光二年社長秉隨栗公卯財張公柱栗公錫林王公等与村中諸父老謀所以修葺者因停省春秋献戲之費並抽取蚕戶茧錢積数歲得貳佰餘仟特請錢粮社首忠賢趙公泌張公自落王公如意蔡公等司其出入營運生息至四年復舉督工社長四人餘王公有原公昇栗公淳海李公等本年又收錢壹百餘仟始鳩工庀材將正殿三楹重新之又修高禖殿三間三聖神殿一間並金粧神像施彩繪修橋梁平道路於五年十月二十五日告竣焉因乞余誌之窃近世俗尚浮侈每一興工不惜鉅費雖棲神重地未可簡略而謀之不藏遂致耕田食力之家派累莫支良可慨也今秉隨栗公等於湯庙之修節一時儀文壯百伐瞻仰度力而行量能而止不傷財不病民斯舉洵稱善矣乃不辞而為之記

並做大金字對板三付小金字對板一付大金字立牌一面

賜進士出身銓選知縣石交泰譔

開福寺鏡山禪院僧人思榮書

大清道光五年歲次乙酉十一月初九日吉旦　　　闔社同立

【考述】

　　勒石於清道光五年（1825）十一月。現存陽城縣白桑鄉劉莊村湯廟。圓首青石碑，碑首高53釐米，碑身通高292釐米，寬84釐米，厚17.5釐米。石交泰撰文，思榮書丹。碑記社首栗秉隨等人採取停演春秋社戲等辦法，省出資費，重修劉莊村成湯殿正殿和高禖殿、三聖神殿並金妝彩繪、修橋平路等事。石交泰，陽城城內人。清嘉慶二十二年（1817）進士，官直隸柏鄉知縣。（圖四三）

成湯廟修整殿宇及添修廟中房屋間數碑記

【碑額】

重修碑記

【碑文】

成湯廟修整殿宇及添修廟中房屋間數碑記

　　吾邑專祀成湯神於析城山主雨澤也故各里俱為立廟以便祈年惟村落有大小時勢有變遷規模有廣狹故有基址立而漸致頹圮者有初限以地形而不及成局者率由未暇經心於祀典耳誠□富勉振興□以莊嚴其廟貌既可□妥神靈亦足以壯一方形勢城南劉家腰邨舊有湯廟肇始無稽惟于嘉慶二十一年有重新舞樓之紀道光五年有重修大殿之紀至殿側東庭三間則道光十二年所創建也餘皆荒略未俗夫廟中必有主持以司香火社眾以參朔望比逢大祭贊享祝釐之所群萃與大牲牢器皿之所度陳均不可不敞其局以供職事也顧工非貲財不興財非經營不贍目今宰社者為張君泌王君曰泰田君敦庫栗君憲四人一以工程為己任自道光十八年接事後即倡眾捐輸以儲公項又另舉督工首事張君漁王君曰和原君圣昌栗君曰增經理錢糧營運生息至道光二十一年積有贏餘爰於十月興工建西庭三間便與東庭相配又於下院建禪房看樓上下六間西南角房上下六間更換舞樓脊獸蓋吾陽土俗凡遇獻戲賽神皆許婦女入廟焚香恐殿庭擁擠故俾其升樓停止以肅禮儀亦廟制所恒有也制既修俗復以餘貲修整廟外西偏開拓道路以便來往規畫靡不周矣工竣於是歲之梅月其總理之工與捐輸之眾俱不可泯也合為勒石誌之

救授文林郎國史館議敘知縣

借補汾陽縣儒學教諭加一級記錄二次邑人宋　裕謹撰

賜進士出身誥授奉政大夫江南道監察御史稽查戶部事務□翰林院檢討國史館纂修己亥庚子兩次

順天鄉試同考官加三級記錄五次邑人王通昭沐手書

　　　　總理社長　田敦庫　張湧泉　王曰泰　栗　憲

總理錢糧督工首事　原培昌　張　漁　王日和　栗日增

　　　　　　住持　界　空

峕大清道光二十二年歲次壬寅孟冬吉旦合社立石

【考述】

　　勒石於清道光二十二年（1842）十月。現存陽城縣白桑鄉劉莊村成湯廟西耳殿門前。圓首青石碑，通高258釐米，寬84釐米，厚19釐米。下有碑座，長105釐米，寬50釐米，高32釐米。宋裕撰文，王通昭書丹。碑文記錄了劉家腰村村民集資重修成湯廟殿宇的經過和添修房屋間數，並將捐輸村衆名單、捐輸錢物數量附錄於後。保存完好。宋裕，陽城人，議敘知縣借補汾陽縣儒學教喻。王通昭，陽城人。清道光丙申（1836）進士，歷官翰林院檢討國史館纂修、江南道監察御史、山東道監察御史。（圖四四）

白桑鄉張莊村成湯廟

重修成湯廟記

【碑額】

碑記

【碑文】

重修成湯廟記

　　按祀典有功於民則祀之若古之聖王有成湯不殖貨利不邇聲色天賜智勇克君萬邦閱史書所載時大旱七年太史占之曰當以人（以下剝泐，漫漶數字）車白馬□□白茅以爲犧牲禱於桑林之野祝曰無以余一人之不敏傷民之命（以下剝泐，漫漶十餘字）巍千仞王之遺跡在焉是以近析城村落無不飾廟貌肅豆□陳牲設醴潔誠以祭祀者（以下剝泐，漫漶十餘字）典□□□□更肅然歷年既久為風雨所飄搖梁棟損壞丹碧盡落兩廡傾廢三門（以下剝泐，漫漶十餘字）重修之然於兵荒之後人少財乏不能即舉又數年復謀之於衆衆僉曰可矣於是於夏（以下剝泐，漫漶十餘字）者煥然聿新工竣欲余為記余因之有感矣嘗見人自居房屋有殘缺者每優游坐視而□於□葺者王之□□□□□□□切□曰有功於民其事已遠其□而今日之舉一倡百諾無不殫力從事者豈非王之弘功偉烈至仁厚德有以入人之深感人之（以下剝泐，漫漶十餘字）焉

　　　　　　邑學生吳居吉撰

康熙肆拾叁年伍月初壹日

勒石於清康熙四十三年（1704）五月，今存張莊村湯廟戲樓下東側。圓首青石碑，通高190釐米，寬60釐米。碑嵌牆上，保存完整，下部剝泐。吳居吉撰文。碑文歌頌湯王功德，記敍張莊村重修湯廟事。吳居吉，縣學生，生平里籍不詳。（圖四五）

補修西房西看樓碑記

【碑文】

補修西房西看楼碑記

從來創造者固在有人而継作者亦不可以乏人如張庄西看楼一事溯自創建以來歷有年所被風雨之催殘後牆漸漸傾圮每覩斯景觸目傷心茲有社中諸君人等欣然補修口厥成功將社所積錢弍百餘貫充作費用諸君不惮心力既又改設西南小厦為校之内室至於校内一切悉皆培置咸宜俾校舍從此擴張雅然可觀耳又庙之内外凡有缺畧者悉皆補茸之期其完美盡善而後已同人等既勤勉協力不日而全功告竣觀諸君慷慨從事其功何可淪沒囑余為文記之余不揣口陋爰叙俚言誌其不忘云爾

　　　　　縣立第一高等畢業生衛文熙撰

　　　　　　陰陽先生　梁獻廷書

　　　　總理社首張長銘　梁來成　李計全

　　方理監工梁得榮　梁永庫　郝萬成

　　中華民國二十年歲次辛未秋月吉　立

【考述】

勒石於中華民國二十年（1931）七月，今存張莊村湯廟戲樓下東側。青石方碣，高45釐米，寬81釐米。碑嵌牆上，保存完好。衛文熙撰文，梁獻廷書丹。碑記民國二十年在張莊湯廟改置學校事。衛文熙，縣立第一高等小學畢業生，里籍不詳。（圖四六）

白桑鄉通義村成湯廟

通義里創修祈報獻殿記

【碑文】

通義里在析城鄉離古濩澤治十里而遙離古晉城治百里而近亦為通義都宋元來俗稱旃村里中有社地前為申明亭總社坊後為神檀春秋祈報凡應社諸神皆先設饌而祭於其所然後迎神設主而祭於此故祭無常主而有常尊焉祭法大夫以下成群立社曰置社又能禦大災能捍大患則祀之月令仲春命民社孟冬亦如之則里之主社猶家之主中雷歟昔余先伯先君與諸紳耆立八坊申鄉約皆以義名舉宰社四人每歲照畝納錢因繭置務除祈年祭蠟祭餘為歲修神宇費三年交代曆有年所矣道光十四年里人潘法常可興庠生侯佩珩余堂兄庠生希埜為社長有整飭功無何旱暵太甚天災流行自本年八月不雨至十五年五月無麥禾糧價三倍于常時自十五年十月大疫至次年六月喪亡相繼沒者四百餘口可不謂大災大患也哉諸君恐懼恪恭即於是年增修大廟拜殿欄杆及各殿之上漏者及各廟之旁穿者十七年乃葡於亭坊後拓基築土創獻殿三間為祈福報功也東西廂房四間備神庫神廚也廠棚兩所牆垣周圍成數百年之義舉于饑饉災祲之餘諸君亦已賢勞村眾莫不趨赴繼自今民和而神降之福猗歟休哉且殿中設聖諭牌令節祝朔望宣講上以奉神靈之統下以訓百姓之行將見言孝慈勸忠節煙火桑林社詩書程子鄉通義一里稱美仁風猗歟盛哉是為記

戊寅舉人長治縣教諭卓異加一級孫希綽謹撰
甲午優廩貢生分發即用復設訓道孫希奭謹書

【考述】

勒石於清道光十七年（1837）秋八月，現存通義村湯廟內。圓首青石碑，通高240釐米，寬70釐米，碑首高30釐米。孫希綽撰文，孫希奭書丹。碑記通義村立社的宗旨制度，及道光十七年創修祈報獻殿的緣由與規模形制，文中還反映了道光十四年至十六年當地大旱慘況。孫希綽，通義村人。道光二十三年（1818）舉人，長治縣教諭。（圖四七）

增祀風雨山川並創修山樓記

【碑文】

吾邑風雨之所和山川之所會濩傳舜澤桑繞湯林廣淵廟前魁枕白虎之宿顯聖祠內元紀神龍之年即鐵砦深山社鄰忠義惟銅崖舊跡村號栰檀朔自口源載於石碣不第讀書庵在清澗溪尚懷老人登科錄存碧蓮峰兩稱君子余欲登高訪古人喜踵事增華也夫入蠟重土穀之祠主先嗇而祭司嗇亦一方附山川之祀祭風星而

主雨星故祈報莫貴乎尊神而典禮要兼其作樂吹□風□雅之簫歌管樓臺醉社公社母之觴鞦韆院落黃衣草笠老農來自田間翠□珠釵少婦不遊佛寺俗原厚矣風豈頹乎然而禱舞雩壇者是有女巫打太平鼓者又多童子苟弛其金吾之禁未免士譏豚言縱振以木鐸之聲猶恐女嫵□坐矣爰乃里宰諸子共成熙時創修曰侯諱佩琮者卒以同懷代庖曰常印滿運者次以力田與舉曰孫印希揆者副禮生員之號曰酒印繼源者獨賢從事之稱四人契夫蘭心三年期及瓜代社主樹以栗享祀而報豐年之穰民力鼓其□觀鄉而知王道之易蓋臨街新起看山向酒人而顏青斯峻宇□歌維風□□客之毫紫自此祈鹽桑婦神祠穩聽疊鼓之歡任他祭臘農人賽社無妨釀飲之樂也是為記

　　原任上黨校宮俸滿保薦需次縣令膺沁水山長孫希綽彥寬撰

　　本邑博士弟子員積食廩膳需次鄉貢竹林居士孫希盛謙莆書

【考述】

　　勒石於清道光二十三年（1843）十月，現存通義村湯廟。圭首青石碑，通高224釐米，寬69釐米。碑首正中豎刻"峕大清道光二十三年十月上浣立碣"十五個字。孫希綽撰文，孫希盛書丹。碑文描繪了村民在社祠祭祀風雨山川載歌載舞的熱鬧場景，記錄了組織創修山樓的社首姓名及接替情況，抒發了自己的感觸。孫希綽，字彥寬，通義人。原任上黨校宮，沁水山長。（圖四八）

成湯廟咽喉神祠修葺碑記

【碑文】

　　本社舊規宰社者三年交代社中所積繭用地畝錢文除三年應費外□□□□神宇之資同治十年侯君辛法等四人膺社宰甫入廟時即欲修廢振墜無如□□□荒時難如願至十二年始將成湯廟咽喉神祠與申明亭捲棚看樓皆重新□□□□理之夫捲棚者創始於高禖會也君等視其缺略未備淡白無文捲棚則增以□□□□□□外也看樓則□為窗櫺欲經久遠也舉內外上下而俱飾以丹青亦欲以壯□□□□□□神靈也又□□舞樓東破房上下四間亦隨即與舞樓簷頭及各廟之殘缺□□□□□今期及瓜代將三年之出入與君等之勤勞備勒于石以示繼起者

　　本里庠生堯庭孫步青撰並書

【考述】

　　勒石於清同治十二年（1873）十月，現存通義村湯廟內。圓首青石碑，碑身首一體，通高129釐米，寬55釐米。碑首書"大清同治十二年小春月立石"。孫步青撰文並書丹。碑文記錄了社宰三年任期中修葺成湯廟、咽喉神祠與申明亭捲棚、看樓的過程及收支情況。孫步青，字堯庭，通義人。縣學生員。碑體中斷，斷處稍有剝泐。（圖四九）

東冶鎮東冶村成湯廟

湯王廟記

【碑文】

湯王廟記

　　　　　　進士吉天祐撰

　　邑之東南三十里大廣冶村也村有鼓鑄之利材木之饒土地寬曠故居民恒足於衣食村之北岡舊有湯廟歷年多棟宇頹圮神靈弗宅天會初盜賊嘯聚毀壞殆盡至大定十三年當重熙累洽之時遭継體守文之主四海寧謐兆姓樂生於是□□程卜程榮集眾而謀曰吾村之民脫死於兵火之際得見太平各復其業戶口日增恆產日豐緊神之力也林等三人願將村北地施為廟基創建湯廟為我輩祈報之所何如眾稱善而從之遂選公勤有幹才者馬福張寶劉全□禮程懋暨林等三人同掌其事家家樂輸其財人人願竭其力命工飭材北構大殿南立三門踰年而成十□年令郡人趙璁塑其像二十二年令邑人孫□文繪其壁明年秋九月功畢大□樂以□之廟宇壯麗神像尊嚴繪彩□藻皆□□焉恐歲久事磨滅俾劉□□茂程方詣僕求文□□□□以□不朽僕□□□□以氣為主僕蒲柳之年五十有三氣力劣□安□□□文哉三人不鄙求我益堅乃告之□□聖賢有功□□□□□□□享祭報其功德禮之常也湯之功德載于書歌于詩雜紀于史傳百家之說□□其遺恩餘澤民到於今受其賜□建廟貌春秋祭祀合其禮矣然祭祀之道誠敬本也俎豆末也修其本而輔以末神必饗焉侈其末而廢其本神弗福也書曰黍稷非馨明德惟馨此之謂也仍系詩於後使歌以祀神焉

　　　粵有成湯継夏而王克寬克仁撫綏萬方
　　　德垂後裔有道之長我思其德作新廟堂
　　　春祈秋報日吉辰良內盡至誠外極恭莊
　　　酒旨牲嘉黍稷馨香神之格斯乃降福祥
　　　福我維何歲歲豐穰我之享祀永永無疆
　　　　　　　進士申鑒書
　　大定二十三年閏十一月五日程願　程憲　劉贇　上茂
　　　　　　　　進義校尉馬全立石
　　　　　　　　　邑人　□潤刊
　　乾隆戊申粵東馮敏昌来遊析城謁祠曰題

【考述】

　　金大定二十三年（1183）勒石，今存東冶村。青石方碣，寬92釐米，高50釐米。吉天祐撰文，申鑒書丹。碑記大定十三年（1173）大廣冶村重建湯廟事。文中說道"村之北岡舊有湯廟，歷年多，棟宇頹圮，神靈弗宅。天會初盜賊嘯聚，毀壞殆盡。"可見大廣冶村最晚在宋代就已建有湯廟。金太宗完顏晟天會元年，為宋徽宗宣和五年，由此可以推知，所謂"天會初盜賊嘯聚，毀壞殆盡"，應為天會初在宋金交戰中毀壞殆盡。大廣冶村即今東冶村，因自古"有鼓鑄之利"而得名。吉天祐和申鑒都是陽城人，金代進士。《陽城縣志》進士表中，有二人姓名，但誤列吉天祐於唐。碑末有清乾隆五十三年（1788）粵東馮敏昌來遊析城拜廟時的題識。碑石從中斷裂，部分文字缺損。（圖五〇）

重修湯帝廟中社碑記

【碑文】

重修湯帝廟中社碑記

吾陽成湯聖帝廟在在有之盖相傳析城為聖帝禱兩處以故都邑遠邇歲祈聖水于析城山藏之行宮春祈秋報為一方兩澤之司本社大廟亦行宮也凶荒兵燹之際崇禎伍月拾伍日流寇有數拾萬人馬搶至小城河東數拾餘村河西老天漣漣下雨沁河水漲月餘不能行船未得過河在河東殺人屍山血海年老男婦殺死年幼男女搶擄房屋火焚宰殺牛羊騾馬搶去男女投河落井無數有透風窯洞躲避者存留十中有二三人八月十五日復從西來前至濟源交界後至沁水交界賊寇者萬有餘住扎至百餘里淺渦窯洞躲避者加火燒出老弱者投崖殺死少壯者男女搶擄六畜牛隻盡殺斷絕雞犬百里無聲前後無粮難聚至八月二十六日起程搶下河南地方至六年十一月中從濟源馬蹄窩黃河水橋竟過河南遺下一墜人馬未過河南在於西老爺山前堂後堂住扎往來混後日招安七年因賊寇混亂古有成湯聖帝大廟改修為寨以避賊寇八年至九年人民復業安生開荒十二年又被蝗虫遍飛將田苗吃盡本年八月內復生虫喃麦苗未得耕種十三年老天大旱田苗斷青人民饑荒大变父母兄弟妻子六親不能相顧人吃人年十中只留一二死亡至甚後至順治十二年歲次乙未人民□安先有舊老社馬一知等議舉將寨拆毀重修成湯聖帝大廟工成未完屢年廟貌頹圮本朝定鼎以來時和年豐居民亦漸繁庶而廟貌頹圮如故匪寘神弗寧居而春秋享祀亦非所以敬答神庥也社老馬心存等議舉又重修葺而更新之庀材鳩工弗憚劳瘁正殿兩角殿東西兩廊武楼三門修理墮塑金粧繪畫一時并舉營繕于康熙七年戊申丹至于康熙十二年歲次癸丑工既告竣復議立碑以垂永久暨施財助力姓氏書如□旹大清康熙貳拾壹季歲次壬戌夏季月吉旦立石永垂不朽

【考述】

清康熙二十一年（1682）六月勒石，今存東冶村戲院（原湯廟）內。青石方碑，高230釐米，寬84.5釐米，厚26釐米。左下角缺損，記事文字無缺。無撰寫人姓名。碑記順治十二年（1655）、康熙七年（1668）、康熙十二年（1673）歷年修復重建東冶村湯廟事，並追述明末戰亂，村民為避難改修湯廟為寨堡的歷史。（圖五一）

重修湯帝廟西社碑記

【碑額】

清重修成湯廟碑記

【碑文】

重修湯帝廟西社碑記

建廟以來不知幾許天會初盜賊嘯聚毀壞殆盡尚義耆老馬全等總督修理仍施地基建叁殿起舞樓立叁門修兩廊後至金元賊眾復亂兵火□□燒毀□不堪遇縣尉武略劉公巡歷至此聚眾而勸曰成湯功德于民甚重何不修理以為春祈秋報之所眾欣然應之後命開工□□崇新此神之福也人之福也傳至於今遭明末崇禎伍年流寇猖獗凶瘟相繼虫蟲歲食人民遭饑死兵死者九分有半自清朝定鼎四海咸寧萬姓樂業順治拾貳年歲次乙未生員宋鴻社首馬永剛積眾而謀曰此廟前輩已修三次今遭頹圮可不重修乎眾稱曰善哉唯命是從先整叁殿薦舞樓起三門此兩社夥修也後康熙柒年因人心不一奸良不等東西兩廊兩社分修非分廟也康熙拾貳年癸丑塑像金粧油畫鮮儷于拾月拾伍日兩社備猪羊供饌鼓樂笙歌今日方果近村社有社宰助祭者甚多□酒□不少靈爽較他處特甚有禱輒應捷如桴鼓小民感其功德歲歲享祀祭畢胙物並不入私兩社公饗焉美俗和風□此始僕係社末不敢以老鄙固辭□不成文特以實敘垂不朽云

賜進士陽城縣正堂都甫施銀叁兩　　武鄉縣郝景元施麦叁石男郝明星施銀五錢　　陽城縣喬國賀施銀貳錢

賜進士左春坊喬映伍施銀壹兩

澤洲沁河里刘正邦施銀壹兩夥收

周村司維盤范云祥施銀叁錢　　沁州史金貴施銀貳錢

賜進士補選知縣田七善施銀壹兩　　獨泉里閣社施銀壹兩

舉　　人　　成公瑜　　施銀壹兩

尚義信士　　宋嗣端撰

宋嗣濬書

梓匠　　暢經善

石匠　　張自旺

大清康熙貳拾壹年八月吉日　　　　　　　　立石

【考述】

清康熙二十一年（1682）八月勒石，今存東冶村戲院（原湯廟）內。青石圓首碑，通高239釐米，寬82釐米，厚27.5釐米。尚義信士宋嗣端撰文，宋嗣濬書丹。碑記清順治十二年（1655）、康熙七年（1668）、康熙十二年（1673）歷年兩社先合後分重建東冶村湯廟事。從後面所列佈施人姓名可知東冶村湯廟在當時的影響和地位。（圖五二）

東冶鎮西冶村成湯廟

重修湯王廟記

【碑額】

重修湯王廟記

【碑文】

重修廟宇之記　　本縣儒學廩膳生員趙□撰

□治迤南四十里許里名西冶有湯帝廟一所其來尚矣究其創始無跡可稽其間或有重修者亦無實（以下剝泐，數字漫漶）八□耆老張幹吉正吉彥芳張志張奈吉□張欽吉□吉公祿□廟（以下剝泐，數字漫漶）血食必賴人崇矧成湯之神當時為民祈禱于桑林救民于水火有功於（以下剝泐，數字漫漶）廟以祀之乎今而廟雖存將有頹欹之勢繪飾已久已有剝落之□□基（以下剝泐，數字漫漶）祀事而安神靈可不再展而重脩之乎時有耆老吉彥芳即曰既欲重脩廟（以下剝泐，數字漫漶）施展盖以安神靈以奉祀事可乎耆衆人等即時同議就行拆毀命（以下剝泐，數字漫漶）正殿湯帝之殿舊制三間四椽今增為三間七檁六椽正殿之東子台二（以下剝泐，數字漫漶）三間二椽今增為三間四椽正殿之西関王之殿舊制二間二椽今增為（以下剝泐，數字漫漶）□繪飾一新與凡砌墁鍾鼓醮盆之類罔不全備自一起工之時以至於（以下剝泐，數字漫漶）七載而廟宇始成矣一日省祭官吉芳在家見得廟宇煥然重新□然（以下剝泐，數字漫漶）營建始末銘之于石以表衆人之善用為永久之傳則重修之功將來（以下剝泐，數字漫漶）謂文非能之願敘其事□敘事當以□□不取乎文餘不敢違所請特以營（以下剝泐，數字漫漶）而已文則以俟其後之賢哲者焉

大明正德四年歲次己巳季秋九月初四記

本縣□□坊丹青王大□書

【考述】

勒石於明正德四年（1509）九月，今存西冶村湯廟正殿。圓首青石碑，通高152釐米，寬61.5釐米。撰書人名字皆因剝泐而莫辨。碑記明正德四年之前七載間西冶村重修湯廟事。碑石下部剝泐。（圖五三）

重修碑記

【碑額】
重修碑記

【碑文】

　　從來建祠祀神何代無之茲西冶古有成湯聖殿歲月延久風雨摧殘殿貌雖存而毀壞已極將神何安而祀之可不重脩而補之乎有本年廟官馮之璧等一十二人議舉老社首張俊行馮之琦吉上智吉懷財張志行□所知六人揔其要復舉甲社首栗汝道等三十人分其務沿村勸化量人貧富輸其財物酌人忙閑効其工力於是貧富有等輸財納物者莫怨忙閑有分助工效力者貲惟財力盈餘遂擇日命匠外增明柱四楹內加煖閣三間月樑斗拱欄杆柵欄煥然一新又做酌半棹兩張大岸兩面板橙周圍齊俻此雖費出本社實三十六人之勤劳也尤里主王俊标之督理也功莫大焉恐世遠人忘掩沒其功遂立誌以誌於後耳

　　大清順治伍年歲戊子孟夏朔日立

住持道人牛真瀛錢二千
玉工張應通　梁聚才三百
道人張立堂書

【考述】

　　勒石於清順治五年（1648）四月，今存西冶村湯廟東耳殿前。圓首青石碑，通高139釐米，寬63釐米，厚17釐米。道人張立堂書。碑記順治五年西冶村重修湯廟事。（圖五四）

重修成湯大殿並兩角殿碑記

【碑文】

重脩成湯大殿並兩角殿碑記

　　邑南四十里有西冶焉氣貫析城勢連砥柱山環水繞民安物阜誠吾邑南勝區地理之祈報在成湯大廟其創建之始幾不可攷廟自弘治以至乾隆四十八年正殿屢經重脩角殿時為補茸其功之愈出而愈奇者固不必悉為鋪張矣及戊申歲舞樓新建增其基址鐘鼓二樓並峙□□猗歟盛哉功莫大焉第正殿卑暗殊為缺典斯入廟者莫不曰尊卑倒置上下失宜將何以妥神靈而安人心乎迨辛亥歲宰社諸君吉天民等九人並副社首吉要隨等二十有八人意欲增高以壯觀瞻奈初膺巨任兩值亢陽雖有同心將焉用之因而謀諸鄉老莫不力贊厥舉爰是虔誠選匠卜吉鳩工正殿高起五尺而兩角殿稱之易木柱而為石柱改布瓦而為琉璃榱題棟宇牌扁對聯視舊制之□□者殊覺潤大之莫甚工甫畢矣而繪事継之採莊山之遺金金身是奉啟亳都之□彩彩壁增新碧瓦飛甍既已顯其輝耀朱櫺玉戶無不飾以丹青靈爽赫然輝煌至矣不數日□□丹青黝堊煥然一新庶乎神妥

人安而菜林之遺澤不難再見於今茲其殫心於理社竭誠以事神也為何如哉是役也計歲之豐歉為積貯量社之多寡以均派他如效力輸財勠力同心以共勸厥事者雖諸君之素有信服而要非社眾之財力亦未易有若此之豐功偉績也工始終辛亥之秋落成於甲寅之冬三四年來諸君之經營區畫固見其為之□而飢饉□至為之則愈見其難立因而為諸君歌曰日夜圖維兮寔受勤勞饑歲□□兮適逢其遭鈎心鬥角兮巍然崇高福無量兮萬姓陶陶夫是以升堂仰止兮高強四面旋繞兮深藏□□□奐兮壯觀光執中立極兮永流芳開門見山河水圍村首事兮猷□□為文余不敏不辭固陋敢云成章

　　　　吏部揀選知縣甲午科舉人趙瑞麟薰沐撰
　　　　德鄰居士　晉宗垣敬書
　　　　峕乾隆六十年歲次乙卯律中夾鍾

【考述】
　　勒石於清乾隆六十年（1795）二月，今存西冶村湯廟拜殿東山牆。長方形青石碑，高226釐米，寬82釐米。趙瑞麟撰文，晉宗垣書丹。碑記乾隆五十六年至五十九年西冶村重修成湯大殿並兩角殿事。趙瑞麟，乾隆三十九年舉人，候選知縣，里籍不詳。（圖五五）

重修上帝閣碑記

【碑文】
　　重修上帝閣碑記
　　且自漢有麒麟唐有凌烟以及雪浪四香紫劍等閣或記事或記功或壯其觀瞻或接其龍脉從未有無意而冒為建造者也若斯閣者特立於兩峯之間水由中出直入於村誠吾村之一大闤闠也且後接析城前臨望莽內有周原臕臕河水涓涓雲樹迷離烟霞歷亂往來君子偶□於斯未嘗不謂別有天地云但稽其碑記自雍正甲寅歲余先祖作叙記功以迄於今諸廟屢經重修而此閣未□整飾夫是以時世變遷風雨飄搖□廟貌□傾圮聖像之剝落有不堪言者矣今幸有宰社諸君張仁美等九人副理社首晉學荘等二十有四人同心協力意欲重修因而謀諸村中鄉老僉曰此盛舉也甚勿怠厥事爰是鳩工庀材易板扉而為隔扇去磚壁以竪丹楹架木成高以補兩山之缺不事丹青以冀多歷年所至於聖像之莊嚴未敢以固陋畢乃事也□是役也積村中善姓之不瞞天以成聖果壯者效其力餘者輸其財凡一切犒匠牌扁無非出自宰社諸君之己財也不數年間煥然更新豈非吾村之□境與麒麟凌烟等閣同其觀美而並垂不朽也哉今功告竣諸君囑余為文余不敢辭其責謹叙其實以為後之有志者勸
　　　　　　　德隣居士　晉宗垣薰沐謹撰
　　大清嘉慶四年歲次己未春三月望後穀旦

【考述】

勒石於清嘉慶四年（1799）三月，今存西冶村湯廟拜殿西山牆。長方形青石碑，高272釐米，寬91.5釐米。晉宗垣撰文書丹。碑記嘉慶四年之前幾年間西冶村重修上帝閣事。晉宗垣，生平里籍不詳。（圖五六）

東冶鎮獨泉村成湯廟

繪畫舞樓修天棚序並大門小門二角屋碑記

【碑文】

繪畫舞楼修天棚序並大門小門二角屋碑記

窃思事必論乎大小功當徵諸緩急若思斯廟舞楼昔則彪炳有象□今已暗淡無華也其功不誠急急乎歲己未有宰社人存原君復旺范君等念舞楼為春秋祈報獻戲之所不為重新何以壯神威而尊瞻視於是捐貲選匠鳩工庀材創□臺三間之棚耀采新加戲二門之簷牙簷牙騰輝既勤其撲斲復塗以丹腠不數□而鳥革翬飛煥然聿新功告竣囑余文余不敏惟□□其實豈敢效東里名卿潤色云云

邑庠生席珍范儒林沐浴撰書

住持　本固

大清咸豐玖年歲次己未　清明　　敬刊

【考述】

勒石於清咸豐九年（1859）清明，今存獨泉村湯廟。圓首青石碑，通高176釐米，寬73釐米，厚24釐米。范儒林撰文並書丹。碑記清咸豐九年獨泉村繪畫湯廟舞樓並修天棚大門小門二角屋事。范儒林，邑庠生。（圖五七）

東冶鎮索龍村成湯廟

荒年碑記

【碑文】

光緒元年歲逢乙亥秋冬亢旱麥苗未安二年丙子五月底雨晚田方種秋收無半至三年歲在丁丑立春之日終風且暴初不知其為不祥之兆也清明後降雨一犁秋苗安好民皆以為喜既而連月不雨夏麥未收民變而為憂卒至苗而不秀秀而不實凶荒之歲立至矣時至六月旱既太甚風來時如吹火烈雨到時僅灑灰塵米粟之價騰貴日日加增幼穉之苗未見村村枯槁瞻山川之滌滌草盡死而木盡萎聽哀民之嗷嗷老者死而少者亡非無浮雲蔽日倏爾聚而倏爾散亦有微雨飄空霎時下而霎時幹核桃柿不時而混摘充饑穀黍稷半熟而強竊度命草根挖盡樹葉徧嘗剝榆皮共鹽砂以延生拾柿蒂和荊籽以求活種種苦菜不堪盡述然此豈足以聊生哉漸至九月序屬三秋雪未飄而霜露降冬將至而木葉脫萬實全無百穀一空枵腹舍冤乞討無門不得已宰殺畜牲瓜分殷戶父子不相顧兄弟各分張婦女棄於他鄉接踵成群老弱死於非命填轉溝壑冬十月以至臘月慘傷更甚驚懼日急遍野盡成死骸沿途只留枯骨東庄西庄一人誰敢冒往朝時夕時單身疇敢出門人喫人肉各村皆有挖柩刨墓何處云無遭此大荒達于上聞發賑救民仁德覃敷檄欷懸張章程示眾大口一日給米合半小口給米七勺詎意縣尊寵信紳士設立公局任意編削一賑遲至三月大口落米半升小口減半之數殆不啻激西江而而蘇涸轍之魚也領賑者困斃城關屍骸誰收待賑者餓死門內皮肉不留噫憊憊矣吾民至此困苦極矣皇恩□惠望救民生在公吞賑坐視民死當此之時際斯之境凡我災黎能留一人乎更有驅民死者自白雲口以至前後要道截路強奪不時傷人大社聚匪東由沁岸而搶至秋泉土嶺等村訓掌聚匪西從蟒山而搶至桑林出水等村吾社各村各庄連日搶掠各家各戶屢次搜尋請兵練勇徒應故事嗚呼哀哉誰念吾民之苦且冤哉竊思丁丑荒旱至戊寅三月而得雨草木發生較□□□□有抍□憑□□求活食桑甚度命稍能耕種秋頗有穫八月中大雪數日壓倒楓林九月後亢旱一冬風吹雲散五年己卯四月下雨麥半收三伏連旱穀回精秋禾未熟迅雷冰雨轉瞬尺深秋僅一二普遭鼠災耗竊盡淨返覆思維是乃大劫臨時民能一日安生乎及至六年歲在庚辰和風其應候矣喜雨其合節矣瑞兆豐年洵有望矣雖未敢歌大有而頌太平較諸乙亥丙子丁丑戊寅己卯而微有慶矣今歲辛巳秋夏頗收余訓蒙于黑龍宮於是社中耆老有錦松申君同社宰兆金馬君成功馬君安琳劉君携酒至館而言曰某有所請焉某□□山右□山盤山臨週南於豫省接壤北於濩澤通□亦大道也近年來本欲勒石以志荒事然有其言而卒未終其事余聞之不□□陋與君同往行宿山庄君等迴憶往事慘傷莫已屈指社中死者九分有餘生者一分未足言未畢而傷心落淚滴濕衣襟囑余為序刻諸貞珉余思種種災厄不堪盡述壘壘患難何能備載畧序大旨驚覺於世甚望後人知孝知弟克勤克儉勿以樂歲飽煖而忘凶年困苦勿以目前有餘須防將來不足諺有云年年防旱誠哉是言也後之覽者亦常有鑑於斯文

邑庠生員李廷璧撰文並書

石匠使錢五千文　雜費使錢五千壹百四十三文

共花錢拾千壹百四十三文

住持李道業　　　石工張□□

大清光緒七年歲次辛巳冬十月廿六日一石兩面合社仝立

【考述】

勒石於清光緒七年（1881）十月，今存索龍村成湯廟正殿前。圓首青石碑，通高140釐米，寬53釐米，厚14釐米。邑庠生員李廷璧撰文並書。一碑兩面，碑陽記述光緒元年到五年索龍一帶連年遭災的悲慘情景，碑陰記錄索龍所屬各自然莊災後生存人丁姓名以及死亡人口數目。據碑文記述，索龍村原有人丁九百餘口，災後男女老幼僅存四十六口，災情極為慘烈。（圖五八）

東冶鎮柳泉村成湯廟

重修碑記

【碑額】

垂千古

【碑文】

聞之廬山既闢銀殿飛來漢觀初開玉梁自下凡由神異無藉經營然而龍宮象塔非屬天成白馬青駕皆緣人力是以給孤捎布地之金大士捨雙林之室倘流連於慧覺定奔走於勝因者也余村建立成湯廟一區山接五雲方開淨土溪流幾曲即是恒河可使宣尼周道無煩假盖門人魏武行軍不必望梅前路雖幾經修理未易告成茲幸社首三人等協力同心建神宮之暖閣修舞樓之台心不數日而鳥革翬飛煥然一新雖皆村眾之貲財亦三人經營之力也余雖固陋不忍湮沒其善念謹書數語以昭来世云尔

　　　　　本村原世俊撰子錦繡書

嘗道光元年仲冬下浣之吉立

【考述】

勒石於清道光元年（1821）十一月，今存柳泉村湯廟中。圓首青石碑，通高165釐米，寬64釐米，厚15.5釐米。下有座，長83釐米，寬43釐米，高26釐米。原世俊撰文，其子原錦繡書丹。碑記柳泉村三社首重修湯廟事。原世俊，柳泉村民，生平不詳。（圖五九）

鳳城鎮南底村成湯廟

補修大廟山神廟並創修西院碑記

補脩大廟山神廟並創脩西院碑記

　　凡工之興也每數年圖維殫於經費不得不因陋就儉不敢妄易一木迨時至事起有力任其事而不殫艱辛者非特於舊者補之而缺者且新創焉此雖人力使然其亦神功之默助耶即如南底大廟乃一鄉祈報之地也古來創制簡略除神殿外別無宴社之處每春秋入廟時棲於神殿用是常為缺憾早宜補葺二者皆急務也嘉慶庚午年歲有進江石君宰社與同社友會議修建又請舉總領社首元武栗君等十人共勤厥事於廟中神殿脩補之繪施金碧煥然一新畫神座也又念山神廟亦一鄉呵護之神亦加修葺無豐拎此嗇於彼亦同尊也又幸廟之西隙虳許築為垣墻置為西院建客廳一所上下六楹重祀事也而垣之西南一帶建馬棚六楹以脩風雨無遺累也凡此數大工皆宰社石君等親任其事總領社首元武栗君等贊勤維勤嗚乎若君等可謂力於社事者矣工成勒石凡捐貲善士例應書名以示功垂不朽云爾

　　邑庠生郭醇義撰

　　邑世襲奉祀生白玉田書

　　督工社首王国信　張子興　栗守家　栗滿□　栗元武

　　　　　　　石進軒　栗滿祥　觧立松　畢滿旺　栗　永

　　執年老社栗　左　翟　愷　石進江　栗成來　王　順

　　住持僧凝光

　　大清嘉慶十五年端月吉旦　　　　　　闔社仝立

　　勒石於清嘉慶十五年（1810）正月，現存南底村湯廟内。圭首青石碑，通高190釐米、寬73.5釐米。碑文記錄了大清嘉慶十五年社首石進江組織村民捐資補修大廟、山神廟並創修大廟西院的經過。邑庠生郭醇義撰，邑世襲奉祀生白玉田書。保存完整。（圖六〇）

重修三廟增修馬房佛廟西房碑記

重修碑記

【碑文】

重修三庙增修馬房佛庙西房碑記

從來創修難重修增修者亦不易雖然皆因時未際人未得耳若際其時得其人則雖浩大之工程何患有不成者哉□夫邑南南底村古号石泉其村所建成湯庙宇以及關帝庙佛庙由来久矣究三庙之所建年月雖不同其所以創修重修增修補修者俱有碑碣可考無庸復云最可慨者光緒三年之奇荒人死九分因此將庙宇之工程不便修理以致墙崩瓦裂棟折榱危凡有入庙宰社者無不目擊心傷致意修理而不意有志而終未逮也延及三十四年廷献石君等入庙宰社于祭祀之下共相覌望恒念創修維艰不忍坐視待塌以負前人創修之意于是與公直鵬飛栗君等共商修理之費僉曰于村中殷实之家捐賫外照社攤收無不應允即夆督工廷謨石君等擇吉鳩工庀材將此三庙之中墻垣之傾危者尽皆拆而築之坡脊之滲漏者一概重而修之又增修馬房院西房上下六間佛庙西房小房五間當開工之日約之閣閣□之橐橐諸君無不踴躍從事以成厥功也于落成以後僉曰既整齊之可覌若不施以丹青將何以壯人之覌瞻而灼然耀目也哉彼時又將成湯庙宇之神像墻壁棟榱以及舞楼台心無不金粧之補塑之塗塑之油画之至于佛庙関帝庙僅將院内之檁梁椽柱門窗一概粉飾丹腰由是皆煥然一新而望之者莫不謂其如鳥斯革如翬斯飛也若余前之所云凡工之成在于際其時得其人者不誠可信乎今工告竣索余為文余雖不敏寔不容辞因略著数語勒于碑石庶乎諸君重修之功不可没村眾施賫之名有可傳也所有施賫姓名勒之于背以為後世樂善者劝是為之序

邑庠生晴嵐楊遇時沐手譔書

栗秀芳	解秀昇	石廷謨
解廷賢	栗鵬飛	喬孟雲
社首栗泰元	公直石為珞	督工解毓款
石廷献	栗宗傑	栗嘉興
喬青雲	石廷榮	栗淮水

嘗宣統叁年歳在重光大淵献應鍾吉旦閣社仝立

【考述】

勒石於清宣統三年（1911），現存陽城縣鳳城鎮南底村湯廟内。雙雲龍紋圓首碑，碑身刻有八仙圖案。碑身長169釐米、寬69釐米，碑首高32釐米。碑記清光緒三十四年，社首石廷獻等人在村中集資，重修成湯廟、關帝廟、佛廟，增修馬房、佛廟西房的經過。邑庠生晴嵐楊遇時撰書。保存完整。（圖六一）

鳳城鎮梁溝村成湯廟

補修殿宇並創修暖閣圍屏天棚記

【碑文】

補修殿宇並創修暖閣圍屏天棚記

從來神因人而始尊人賴神而護庇縣南梁溝村古有建立齊聖廣淵之廟立廟至今由來已久然其間補修殿宇粧画神像前社長不知幾費整飭矣但歷年久遠不能無風雨摧剝之弊咸豐癸丑因殿宇滲漏社長進上樑君等目覩心傷毅然有補修之志奈進上樑君年高力衰弗克勞其心力乃托其子聚金代理之於是會同闔村諸公公議捐納之理斟酌補修之情皆曰善哉斯舉也不患無財特患無積耳公同妥議於每年秋夏照社均收米麥茧季並收茧用不意天不隨願以咸豐丙辰已未連遭歉歲故中止焉四年內共收積粟米七市石四市斗零積麥四市石二市斗零並十年內積茧用銀六十兩共作實銀一百廿九兩整始擇吉開工將闔廟內外缺者補之廢者修之皆重新粧飾並將蚕姑神祠創修暖閣舞楼內創修圍屏天棚對板一一繪画粧金巍然在望煥然聿新廟西又置馬棚地基一塊為春秋報賽優人之騾馬計以較昔之所立不大為改觀哉工至此亦云畢矣然猶未也此不過因其財量其力耳若云大成以俟後之繼事者要之廟貌巍峨雖曰壯美觀實以妥神靈春祈秋報隆祀典原以答生成其功不日告成雖曰人力豈非神口哉其善念不可湮沒故勒石以垂永久云

東峰居士仁裕孫德元薰沐撰書

龍飛大清同治元年歲在壬戌秋七月初吉立石

【考述】

勒石於清同治元年（1862）七月，現存陽城縣鳳城鎮梁溝村湯廟。龜座長方形青石碑，碑身高179釐米，寬75釐米，厚15.5釐米。孫德元撰文並書丹。碑記清咸豐年間，梁溝村雖連遭歉歲，仍堅持四年集資補修湯廟殿宇事。孫德元，字仁裕，號東峰居士，生平里籍不詳。（圖六二）

鳳城鎮荊底村湯成廟

創修碑記

【碑額】
創修碑記

【碑文】

夫廟何繇而修也盖謂春祈秋報自古有之無其廟則今年在此為壇墠過歲在彼為祀場偶有風雨則東者東 乎將為慢神乎修此廟為虔誠祭神一也中等人見相而作福廟在斯神即在斯逢朔遇望忝香運火以報□□此處僅三十餘家且室如懸磬勢貧力弱廟不能邊修矣社首茹大興茹成家茹成棟茹国礼□□理創修□□三教廟一座因得見神面得潔於祀神雖不能盡報其恩亦可以少舒其意耳

　　本邑庠生茹大用子茹成文書

　　　　　　木匠馮大興

　　　　　　石匠程国倉男程上能銀四錢

崇禎十二年九月初八日立

【考述】

　　勒石於明崇禎十二年（1639）九月，現存鳳城鎮荊底村湯廟。圓首青石碑，通高176釐米，寬68釐米。茹成文撰書。碑記荊底創建本村大廟三教廟的始末。此廟即後來的成湯大廟，由《創建成湯廟並移修佛堂以及東西角殿碑記》可知，村民於清康熙五十七年（1718）將此廟改建為成湯廟，而把佛殿移至廟側。碑嵌牆壁，保存完好。茹成文，荊底村人，邑學生員。（圖六三）

創建成湯廟並移修佛堂以及東西角殿碑記

【碑文】

創建成湯廟並移修佛堂以及東西角殿碑記

　　嘗思人所以得享其長養安全之樂者唯神是賴故勿論通都大邑殿宇輝煌酧功報德即諸鄉村疃莫不皆然獨茲庄者介於兩山之中澗下清流涓涓其地瘠狹居民鮮少止有釋迦堂一所如他廟者未之有焉春秋祈報無有定處遇夫風雨寒燠常苦祭祀之艱前於康熙丁亥夏有茹姓四□者謀於眾曰人之禍福由於神神之靈爽依於廟既無其廟神於何棲意欲資眾財力建立神壇若何僉曰善爰是又舉茹詔宗茹國印等數人總理其事卜

吉經營鳩工庀財建造正殿三楹而以成湯主焉左右角殿煥然以新關帝以及廣禪神俱有所憑依兩廡雖未修飾而已巍乎其可觀也又移修佛室於廟側以便女眾之出入工成告竣囑余為文以記其事余至其處見夫屏山帶水樹木蔭翳觀山色聽水聲初無遠近之可言也幽靜深藏豈非神棲之勝境也哉不禁忻然於心曰向微數人經營之力曷克臻此故甚嘉夫數人之克終其事而尤羨夫眾人之相與以有成也是為記

邑庠生白璋撰並書

總理社首茹四美　茹維宗　茹紹宗

茹國印　茹四端　茹四新

磚匠苗得玉施眷一座戲臺使用

木匠馮　鴌施銀三錢六分五厘

玉工原楊斗施銀三錢

大清康熙五十七季歲次戊戌孟夏吉旦

【考述】

勒石於清康熙五十七年（1718）四月，現存鳳城鎮荊底村湯廟。圭首青石碑，通高168釐米，寬63釐米。邑庠生白璋撰並書。碑記荊底村民苦無社祭之廟，同心協力集資修建成湯大殿，修左右角殿祀關帝及廣禪神，並把原佛堂移至廟側的經過。碑嵌牆壁，保存完好。（圖六四）

鳳城鎮衛家寈村成湯廟

重修西廊南角表岩砌路碑記

【碑文】

重修西廊南角表岩砌路碑記

衛家寈古有成湯之聖殿創建以土壁而且狹小眾人觀之居神者不美常欲重修因社微而力寡勿敢興工復修恐畏半途而廢盡惹□□而□之社眾商議勉強而復修至乾隆四十一年開工屢屢修理不已三十餘載前有總理首事莫能周全卻有缺修之所況有饑饉相隔今歲稔年豐幸有發庫衛君等六人偶起善念每年捐收錢糧朝夕勤勞催動社眾協力修理又建西廊並南角夾小廈上下共一十二楹築礓外路一條至今一槩重新豈不美哉工開於嘉慶七年之春告竣於十三年之秋修理已畢特將施財勞力之人悉載於碑內有六年闔社著衛庫等六人用價十二千五百文同元得挽堂兄弟五人死買元郭氏廟南及西下地一畝久為社業其地七段東西畛東至岩根西至道邊尖尺南至道前北至白姓地界至內柿樹土木相連道路通行任社栽種修理益於社事而恐失契無證亦勒於石誌不朽哉

疎學王玉賢撰書

技藝　玉工張維魁施錢一百文

梓匠姬永泰

苗進王　銀一兩

衛金元　工三個

修理社首衛　庫　施銀三錢　仝立石

程　元　銀五錢

元得海　銀五錢

程　壘　銀五錢

峕大清嘉慶十三年七月初九吉旦

【考述】

　　勒石於清嘉慶十三年（1808）七月，今存衛家崾村湯廟。圓首青石碑，通高200釐米，寬70釐米，厚18釐米。王玉賢撰書。碑記嘉慶七年春至十三年秋衛家崾村重修湯廟事。王玉賢，生平里籍不詳。（圖六五）

鳳城鎮上芹村成湯廟

重修成湯聖殿牛王神祠碑序

【碑額】

重修碑記

【碑文】

重修成湯聖殿牛王神祠碑序

　　聞之有功於社稷而克佑夫黎庶者皆得與於祭典之列況神之澤流古今德被民物顧可聽廟之剝落聖像之淪亡不思振起重新而為之踵事增華乎上芹邨舊有成湯殿三楹殿角之西有牛王祠一座問諸老人不識創自何代稽其碑記則補修於崇禎之八年迄今年深月久殿宇神像幾至傾頹幸本邨社首原君諱義李君諱起章邢君諱芝等欲圖善舉財出無緣乃會眾斟酌依社均攤凡材木丹青重為整飾一切公務竭力盡心蓋不數月而從前之傾頹者煥然改觀一時棟宇巍峩粧塑鮮潔肅觀瞻新耳目神靈妥民人安信非原君諸公之勤勞社事不及此大易所稱積善之家必有餘慶者其原君諸公之謂乎功成後原君等向余求序余不文僅述其大概俾後之

有志興修者知所考據云爾

　　郡廩生衛澳頓首拜譔並書

　　　　　總理社首 吉滿瑞 張荣瑞 邢 芝 原 義

　　李起章 張承美 衛 灼 王万全 合社立

　　木匠焦崇義　玉工張和美　画匠王天育

　　大清乾隆三十三年歲次戊子姑洗月吉旦

　　住持僧真註率侄休全孫思

　　【考述】

　　勒石於清乾隆三十三年（1768）三月，今存上芹村湯廟。圓首青石碑。衛澳撰文並書丹。碑記乾隆三十三年上芹村繼明崇禎八年後重修湯廟事。衛澳，州學廩生，里籍不詳。（圖六六）

鳳城鎮下芹村成湯廟

重修成湯廟碑記

　　【碑額】

　　重修成湯廟記

　　【碑文】

　　重修成湯廟碑記

　　縣治之西數里許下芹村有成湯廟其来遠矣未稽刱建于何時歷年久風雨剥□周視殿宇廊廡垣牆悉已堆圯鄉人四時崇祀其心憫焉社首田大禾周守才武□寧田闊各出己貲仍募粟錢躬督其事將正殿三楹東偏殿佛堂三楹西絲神殿□楹東廊房三楹四圍垣牆掄材鳩工稍加修葺迨若大士塑像雖存敝壞踈損不□崇奉耆士田養德與弟田養心集全社眾綵繪金粧以妥其神竭心聿成曲盡其□由今視昔似加美焉是工也經始于戊申十月朔日告成於己酉春三月可謂用□省而成功速矣事竣不直眾好里悅神且陰庇默佑因為文刻碑以紀其盛正春秋所謂有善必書以俟後之君子則有所感激云

　　萬曆三十七年歲次己酉孟夏吉日　　　　　澤州石工□□□

　　【考述】

　　勒石於明萬曆三十七年（1609）四月，今存下芹村湯廟。圓首青石碑，通高126釐米，寬53.5釐米。無撰書人姓名。碑記萬曆三十六年十月至三十七年三月下芹村重修湯廟事。碑嵌牆壁，保存

完好。（圖六七）

東城辦蒿峪村成湯廟

置備什物碑記

【碑文】

蒿谷村稽古一社相承萬曆十五六年歲荒社事盡費二十五年社首馬從善以街分為前後二社二十六年前社議舉鄭海馬世庫董社置俻什物二公協同鄭國准劉士佳旦夕勤勞沿門乞化鄉丈耆社有德忻然各輸己財置俻槩神袍旗鑾架傘鑼號鼓鼓裙華麗一新施財助社子孫攸久荣昌勒石于壁萬古不朽今將施財人名具列于後永為觀感云耳

焚修道人栗清泉

嵓明萬曆二十七年冬十月吉日　邑人沁溪劉清書

石工王村里史孟秋刊

【考述】

明萬曆二十七年（1599）十月勒石，今存蒿峪村學校（原湯廟）院西牆上。青石方碣，高48釐米，寬68釐米。劉清書。碑記明萬曆二十六年蒿峪前社置備湯廟什物事。劉清，生平不詳。（圖六八）

創建獻殿記

【碑文】

創建献殿记　大社買到田中居大庙后灰坡頂槐樹壹株地基壹塊價銀叁倆伍錢此係風脉永遠不得砍伐此炤

窃惟神威赫奕千秋肅毖祀之瞻廟貌巍峩百世仰弘綱之重是村古有湯帝聖廟為春祈秋報之所由來舊矣特人以時而代遷物以遠而漸蔽破瓦頹垣幾為茂艸自康熙二十年合力重修煥然改觀後於五十二年建修月臺一所屹然嵓峙里人歲時伏臘咸得遂其□□之心可謂極神入之狀麗矣所可憾者聖廟重新而献殿獨缺月月非不謁也而榛棘含煙難伸俎豆之儀歲時豈不享乎而霜露沾裳莫展椒□之献目擊催残之狀羣興鼎革

之思於是时穷則変抑且□□□□□□□社首鄭洪祚鄭祥林同水官王印李發財馬光显馬光成鄭天喜孫懷仁柳發呂世魁鄭守奇李和盒酒会眾請耆老進良馬君洪福鄭君養印鄭君洪鶴鄭君□全呂君仁緒鄭君興倫鄭君□□芦□□□□□□□□□□其□者任豫衛京陽鄭尚林鄭洪鷗馬光明劉晋呂承爵馬光選田中居劉濬公議起盖立志振興鳩工庀材矢公矢慎賣東坡三門内柏樹二株售銀六拾兩復照地虯均派每分社收銀叁□□為工匠□□□□然後之餘材□出青雲之表起泥塗之仆石依然棘道之旁分而散謫仙之黄金捐資樂貢因而運公輸之鬼斧鳩匠經营課工之下矢以勤謹振修之後継以丹青肇造仲夏落成于仲秋自玆宏模鼎力益覘瑞兆新開□典美輪須展祥雲五色肯塗肯艭俄驚采電雙飛登月臺之上粉堊凝霞升拜瞻之廷翬革煥彩将見神欣人悅均沾潤浹于□□民和年豐共協風調于鳳律矣工成告竣爰刻石以誌不朽云

　　峕大清雍正十二年歲次甲寅八月之吉

　　賜進士出身

　　御前侍衛湖南永綏協都司紀錄貳次璩　瑭　撰

　　邑儒士　　　　　　　郭　偉　書

　　施財姓氏列後（略）

【考述】

　　勒石於清雍正十二年（1734）八月，今存蒿峪村學校（原湯廟）院中拜亭下。青石方碑，高212釐米，寬73釐米，厚20釐米。碑座長92釐米，寬58釐米，高28釐米。璩瑭撰文，郭偉書丹。碑記清雍正十二年（1734）仲夏至仲秋創建蒿峪村湯廟獻殿事，並追述清康熙二十年合力重修湯廟、五十二年建修月臺事。璩瑭，陽城町店大寧人。康熙乙未（1715）武進士，官至御前侍衛常德守備。（圖六九）

重修成湯廟碑記

【碑文】

重修成湯廟碑記

　　從來莫為之前雖美弗彰莫為之後雖盛弗傳是可知事貴有人以開其前尤貴有人以成其後也若蒿峪村之成湯廟其始建遠不可稽年來風雨摧殘墙垣傾圮每當春秋報賽歲時伏臘之時見者莫不惻然但工程浩大非藉眾擎未易為力於是村眾及坊長僉謀興工於道光二十一年重修舞樓三盈并二門左右房其下二十餘間工未告成而年歲歉薄於焉中止自去年冬諸君復議興工爰揀伐柏林售板得若干金又連年積儲稞租得若干金遂鳩工庀材重修外院東西兩樓以及馬房院落上下共四十餘間並前後閑舍廟外城牆率皆整飭廣潤又將廟之内外二院無不油畫一新數月之間工始告竣行見神殿則簷牙煥彩舞樓則棟宇增輝三門羣舍無舊不新社宇僧寮有缺即補燦乎金碧煥然改觀斯其非前人開之於先而諸君克成之於後也哉兹謀立石請敘於朱余曾館於是村八年□諸君之經營勤勞村眾之好善急公亦頗知其大畧余難不文亦不獲以固陋辭因畧敘數言以垂不朽云

邑儒學增廣生員　里人劉錦華撰并書

　　　　　督工　（略）

大清咸豐八年歲次戊午六月中旬吉旦

【考述】

　　清咸豐八年（1858）六月勒石，今存蒿峪村學校（原湯廟）院中拜亭下。青石方碑，高221釐米，寬77釐米，厚22釐米。碑座長97釐米，寬51釐米，高27釐米。劉錦華撰文並書丹。碑記道光二十一年（1841）重修湯廟舞樓事。劉錦華，蒿峪人，縣儒學增廣生員。（圖七〇）

重修東廟舞樓創建南北兩廊碑

【碑文】

重修東廟舞樓創建南北兩廊碑

　　從來名山勝水非藉神靈呵護無以見庇蔭而效靈俎豆馨香必資廟宇崇隆乃克祈昭格於來享倘非巍煥其觀增新其制將所謂肅觀瞻者安在所謂和神聽者安在所謂山環水繞毓秀而鍾靈者又安在哉村之東廟右有舞樓一所揆其所自原為東山神祈報而設第年經久遠歲見漂搖牆垣半已傾頹柱石全將剝落久思鼎革原非一木能支欲造宏規必須眾擎共舉於是去年宰社坊長僉謀興工爰伐柏樹售板得若千金又連年儲蓄得若千金遂鳩工庀材重修舞樓三楹創修南北兩廊窑券數冶並建看樓十餘間水渠泉道率皆整齊廟宇神亭無不彩繪數月之間而工程告竣矣行見雕楹改舊儼如紫電雙飛畫棟更新宛與祥雲並艷而且疊嶂迴環望之蔚然而深秀也清流繚繞挹之悠然而不竭也夫而後可以肅觀瞻可以和神聽並可以見樓臺之壯麗增山川之景色也豈曰小補云爾哉

邑儒學優增生　里人　劉錦華撰並書

督工　鄭　□　　馬□枝　鄭允興　鄭文魁　鄭學武

劉青藜　鄭學祥　鄭永仙　鄭　戜　鄭培業

馬芝衛　竹郭智　呂　律　馬　蓄

甄毓德　馬　佶　馬佩珂　鄭　弼　王治業

大清同治十年歲次辛未七月上浣之吉

【考述】

　　清同治十年（1871）七月勒石，今存蒿峪村學校（原湯廟）院中拜亭下。青石方碑，高201釐米，寬78釐米，厚22釐米。碑座長100釐米，寬56釐米，高30釐米。劉錦華撰文並書丹。碑記清同治九年宰社坊長重修舞樓、創修南北兩廊、建看樓、整齊廟宇、彩繪神亭等事。（圖七一）

紀荒碑

【碑文】

今夫天災流行古今代有雖神聖若禹湯猶有八年之水患七年之旱災所賴者上之人補救彌縫至於有備而無患下之人勤勞蓄積得以有恃而不恐所以或逢水溢或遭凶荒雖地有不毛而民無菜色是知救荒於臨時不若備荒於未事之為得計也近來民風不古世俗澆漓富者無巧索之儲貧者有哀鴻之嘆故一遇奇荒餓莩匝野是果天時之劫數難逃歟抑亦人事之乖張致此歟余昔遊懷古里湯王廟見有紀荒碑所載情形未嘗不悚然懼而恍然疑以為被災之慘未必有如是之甚者孰意二百四十年來竟為身所親歷而目所親覩耶蓋吾陽僻處山陬土脊民貧素無生業自丁丑三月間得雨一犁夏來微收秋禾頗種五六月亢陽不雨禾已枯槁署縣胡慈百般祈禱一無所應乃急為稟請開倉以賑貧民設育嬰堂以養小兒彼時民心漸覺慌亂將不熟之柿菓盡行毀折未成之禾穗公然竊取以及桑葉柿葉榆皮等類無不刹掠殆盡且村人棄小兒於南堂汪內者不計其數七月間胡慈去任盧慈來署斯土乃稟請大賑急不能濟又借高平縣之倉穀千石以救燃眉分為極貧次貧大小口不等督各里社首造冊領派八九月仍無雨麥種未安民心愈變始則登門乞借繼則聚眾搶奪或剮屍肉以充饑或掘墳墓以圖財或斃童子以槍食或刺行旅以剝衣甚至沿街所賣吃食油餻則煎以人油扁食則攪以人肉種種變端指不勝數慈恐變生莫測乃請練勇制跕籠以彈壓之凡夫枷死跕死以及各社之吊死者不計其數至於填宅服飾珠玉器皿值錢一千難售一百惟有首飾銀每兩可換錢六七百文凡城鄉村莊收買銷爍者比比皆是其餘物件無人收買村民皆販至高平長子間售賣換米以至糧價騰踴臘月間有吳太史來陽鳳助賑發漕米菱子萬石飭各社覓腳搬運擇紳士出鄉監放戊寅正月設立饃廠旋以蒸饃不便賑以米粟凡城關四鄉共十九處饃廠本里至三月間始設義城增村虎川兩孔上下佛各里均係此處領賑大口每日給米一合小口減半五日一輪但粮在清化搬運艱難乃督各里社覓腳轉運彼時惟吾里中所運最多故較諸他里多派幾次四五月間又發大賑幾千石此時粟價騰貴小米一斗價錢三千六百文麥一斗價錢三千六百文芋子價錢二千八百文雜豆價錢二千六百文豬肉一斤價錢二百文即桑葉柿葉每斤價錢數十文其餘能食之物無不仟倍增價三月間始落雨村中牛驢賣者殆書難以耕耘多種洋谷黍子兼瘟疫大作傳染殆遍餓死者固屬甚多病死者亦復不少自丁丑造冊領賑大約村中一千四百餘口至戊寅夏所存者三百餘口死亡暴露尸骸狼藉乃於三官廟社地鑿大坑兩處以掩埋之六七月間穀黍成熟灰菜遍地饃廠方撤上司又發來麥籽千石照戶分給以助畊種但戶口寥落土地荒蕪又分為老荒暫荒新荒以報之曾撫台詳奏准免丁丑下忙戊寅兩忙己卯上忙庚辰辛巳壬午下忙俱行蠲免己卯春善後局又發來耕牛數百頭減半售價以助農耕嗚呼遭此大祲死亡過半非千百年不遇之劫乎自過荒年時謀立石垂戒來茲但有志而未逮今春宰社坊長復謀立石於是村眾皆踴躍樂輸捐金以助因問記於余余曰碑以紀事紀盛德者所以寓表揚也紀災祲者亦以寓乘戒也署敘數語以勒諸石但願後之覽斯碑者罔不驚心墮淚思患預防以人事而復回天心焉是則余之厚望也夫

邑儒學廩膳生員里人　刘青藜撰並書

捐錢姓氏列後（略）

大清光緒十一年歲次乙酉十月上旬之吉

　　　　　玉工　郭士銓 郭士鈞

【考述】

清光緒十一年（1885）十月勒石，今存蒿峪村學校（原湯廟）院中拜亭下。青石方碑，高189釐米，寬75釐米，厚20釐米。碑座長97釐米，寬55釐米，高28釐米。劉青藜撰文並書丹。碑記清光緒三年至光緒七年大祲之慘及災後官府賑濟等情況。劉青藜，蒿峪人，縣儒學廩膳生員。（圖七二）

東城辦上孔村成湯廟

粧飾湯帝廟宇碑記

【碑文】

本邨古有湯帝廟凡厥廢墜歷有補修第棟宇雖云巍峩而文彩猶嫌暗淡茲首事宋祥侯鎮府等糾合眾力樂輸己貲敬刻對聯以肅瞻拜之□□施金碧用啓文明之村舞臺懸四條神祠献五副雖寸績故展不敢称劳而群姓流芳豈宜終沒爰勒玟石以示來茲

本邑儒學生員侯憲章沐手撰

今將施財姓名開到於後（略）

住持僧肇愽率徒普泰

乾隆十七年季秋吉旦　總理　宋祥　侯鎮府　仝立

【考述】

清乾隆十七年（1752）九月勒石，今存上孔村成湯廟。方形青石牆碑，寬75釐米，高46釐米。侯憲章撰文。碑記上孔村首事宋祥侯鎮府等糾合眾力樂輸己貲敬刻對聯粧飾湯廟事。侯憲章，上孔村人，縣儒學生員。（圖七三）

新置鑾駕碑

【碑文】

新置一鑾駕碑

湯帝殿鑾駕威儀年遠欸沒社中每於春拜秋報之際莫不曰無鑾駕以鎮神威社中屢議添置不果矣民國十八年總社□□社內餘貲並地租捐施若□□□□材讓置鑾駕全副継施金碧雖□□不□□□□餘貲捐輸豈宜終沒爰勒石以垂不朽云爾

171

總社　侯緩才　宋立仁　焦辛囤　焦咸昌

中華民國十九年元月一日完工

【考述】

　　民國十九年（1930）元月勒石，今存上孔村成湯廟。方形青石牆碑，寬45釐米，高53釐米。無撰書人姓名。碑記民國十八年上孔村為湯帝神像置備鑾駕事。（圖七四）

駕嶺鄉護駕村成湯廟

大社禁止賭博爭訟碑記

【碑文】

大社禁止賭博爭訟碑記

　　嘗思鄉里風俗之壞莫甚於賭博盖此等人立心不善欲謀人之產業而不知己之產業已整空欲誘人之子弟而不知己之子弟早為匪類況盜賊人命皆由此出種種弊端莫可勝數至於村人一貪蠅頭微利尒詐我虞暗頭稟狀獨不恤物力之維艱以致於妄費資財迄今本邑紳士傳諭七千八里各立禁約社規日後逢有事端通知鄉地社首劝和為貴不然同到公所請設聖諭是非曲直依理公論各宜凛遵如有刁徒藐法遠拗仍蹈前轍者該鄉地社首指名送官治罪凡在社之人各安本業勿作非為在社各甲舊常禁止悉有罰約今大社再復劝誡可云諄切庶後之人有成迹可據是以誌

　　光緒十年於春月樂施之君刘泰昌施东禅房楊木櫈一対

　　本社劉伯英拜撰

　　闔社鄉耆新舊社首仝立石

　　嘉慶十六年孟冬吉旦

【考述】

　　清嘉慶十六年（1811）十月勒石，今嵌護駕村湯廟鐘樓門右牆壁。圓首青石碑，通高161釐米，寬70.5釐米。村民劉伯英撰文。碑記重申大社禁止賭博爭訟的規定勸誡社民凛遵。（圖七五）

駕嶺鄉吉德村成湯廟

創建拜殿碑記

創修碑記

【碑文】
創建拜殿碑記

　　竊以前人所已為而或仍其舊址以更張之則謂之曰因前人所未為而我出乎己見以托始之則謂之曰創因與創兩相別矣乃獨有意雖因而事則創者是前人欲為之而未及為姑留之以待後人之經營我今為之雖云繼美於前為之創造於後也亦宜粵自建廟以來未有香亭每值春秋祈報時蘋繁薦享欲伸瞻禮之忱陰雨沾濡盡立泥塗之地久擬興工未堪遂志庚午冬會社甫畢李國良言及昔年我因子息艱難曾施錢貳拾千文石柱二根楊樹三株槐樹一株以為修理拜殿之用惜贊成無人空言何補李興元等聞其言而瞿然曰拜殿之工木料石料為難君能以所施錢貳十千折成上棚一概木料根基一應石料我等亦不敢辭其況瘁李國良慨然應允眾謀乃協於是請修工社首公同商酌將廟外栢樹盡行砍伐變賣錢文以作墊底兩村之樂施者如雲而起得錢若干文停蓄一年演戲價得錢若干從此鳩工庀材底法結構勤樸斲施丹臒不數月而簪然在望煥然一新矣是舉也倡首者有李國良之慷慨於始總理者有李興元等之督率於終經理賬本則有李禄李振德張啟純之早作夜思勤勞不怠分班任事則有李法明等六人之挨次輪流無少違誤至兩村之納工效力者亦無不急公向上踴躍爭先焉工告竣首事者贊敬於余懇余為文以誌之余曰芻蕘之言何足當神前餘贄哉請將此錢為檐牙之采餙可也遂援筆而為之歌曰瞻殿宇之深邃兮以妥威靈羨香亭之明潔兮以薦芬馨拜舞得所兮人和人和而神降之福兮雨湯時若永荷休徵於蒼冥

　　　　　　　　邑庠生震枝李貽綱薰沐撰文
　　　　　　　　邑優生渭溪宋呂潢薰沐書丹
　　　　　　総理社首李　禄　李興元　李振德
　　李　賢　李國良　張啟純
　　修工社首李兆台　李法明　李振聲
　　　　　　　　李　義　張成保　李　乾
　　　　　住持李教栢施錢五百文

　　大清同治歲次壬申孟秋吉旦　　　　仝立石

【考述】
　　勒石於清同治十一年（1872）七月，今存吉德村湯廟遺存拜殿之中。圭首青石碑，通高180釐米，寬67釐米，厚21.5釐米。下有石座，長90釐米，寬60釐米，高37釐米。李貽綱撰文，宋呂潢書丹。李貽綱，字震枝，邑庠生，里籍不詳。（圖七六）

創修東西拜殿兩簷接水碑記

【碑文】

創修東西拜殿兩簷接水碑記

粵稽吾鄉自元建廟以來六百餘年或為之創或為之重疊次興工廟宇宛然在望矣切思廟宇雖成未有香亭余先父當同治壬午年與諸公宰社之時嘗曰香亭未建亦為不便每逢祈報之時盡在泥塗之地與諸公商議創修拜殿眾口皆無異辞即時土木方興諸公各恭尔職各勤尔事挨次輪流皆不敢辞其況瘁數月間工程告竣煥然一新至今三十餘年矣獨是聖人之化愈遠而愈長閱百世而益增其美拜殿東西猶有遺址亦堪再創香亭始見其善社中紳耆李夢松同合社人等客歲秋成方畢與宰社相商宰社者掭理一應公事四人又請修工頭末管理修工八人共議創建香亭諸君心意皆合卜吉開工本社拖財者爭先四方樂輸者恐後從此鳩工庀材底洁結構勤樸斲施塗堅丹膌又創建接水改修山門十二人日夜經营始終如一兩村之效力者追踪恐後庶績咸熙首事贄余為文以誌之余曰粗俗之言豈敢云大純無庛以為神前之餘貲哉請將此錢僅為興工之小補可也遂援筆而為之歌曰創建香亭兮適合其宜陳献得所兮以敬神祇工告竣兮勒石題俚言苟完兮俟有為

邑庠生　林一李壽椿薰沐撰文

邑武生　鶴亭李夢松薰沐書丹

大清光緒三十二年九月吉旦

總理社首　李恆復　李継為　張汝忠　李宗民

修工頭末　李國瑛　李宗正　李法明　李壽椿

張成兆　張継齡　李　書李宗信　　仝立石

住持　宋來豐　徒　張復泉　李復旺

【考述】

清光緒三十二年（1906）九月勒石，今存吉德原湯廟拜亭下。圓首青石碑，通高178釐米，寬69釐米，厚17.5釐米。下有石座，長90釐米，寬69釐米，高37釐米。李壽椿撰文，李夢松書丹。碑記吉德村於光緒三十一年在湯廟創建東西拜殿（香亭）事。文中寫道："粵稽吾鄉自元建廟"，可見吉德村湯廟創建於元代。李壽椿，字林一，吉德人，縣學生員。（圖七七）

駕嶺鄉三泉村成湯廟

永禁牧馬告示碑

【碑文】

特授陽城縣正堂加五級紀錄十次 徐為

奉批曉諭事本年六月二十六日案蒙

爵撫部院 楊

布政使司 張

署按察使司 姜

批據陽城縣詳（庠）生員李大中等呈請停止營馬入山牧放等情既不使民似應俯順輿情所有該縣析城山聖王坪設立馬廠之處即行停止仍通飭南路各屬與平陽左近地方有無堪作馬廠之處查議詳覆併候移知太原鎮繳等因合即錄批曉諭合邑紳耆軍民人等知悉嗣後該山永停牧馬虔奉聖神仍候本縣查勘該山界址附近居民不得侵占住持道士不得招徠閑雜人等致滋事端其各禀遵毋違特示

析城山停馬革弊原屬閣邑公事析善兩里不過臨邇而已至於上義下交兩都較之兩里雖屬微遠衡之各都尤為切近亦馬所踏毀之區也兩里紳民爲徐父母修理生祠叩還神愿兩都各村貴社各商字號均有損輸錢文惟候井下交兩村恆太一商獨無捐輸錢文揆之情理殊屬不合公議每年四月十二日起會時節候井下交恆太三屬一應商客出備燈油茶水錢與四方別村客商茶水錢多寡無論謹刻碑右以垂永遠記耳

奉憲批示徐父母告示一吊存於碑內

【考述】

勒石於清道光十五年（1835）至二十年間，今存三泉村湯廟徐公祠內東山牆上。青石方碣，長103釐米，寬56.5釐米。碑刻陽城知縣徐璈"永禁牧馬，虔奉聖神"告示和析善兩里處罰恒太商號的決議。徐璈，字樗亭，安徽桐城人。進士，道光十五年（1835）至二十年間任陽城知縣。邑志稱其"刑寬政簡，振興學校，倡資重建聖廟"。特別是他在任期間，因 "析城山草肥美，平陽府營馬爭來牧，害民稼"，他不顧冒犯上司，極力禁絕。析城山周邊的百姓感激他的恩德，在三泉村湯帝廟中為他建立生祠，並把這塊石碣鑲嵌在祠中的牆壁上。生祠至今仍在，石碣保存完好。（圖七八）

駕嶺鄉南峪村成湯廟

成湯殿碑記

【碑文】

成湯殿碑記

析城山踞邑之西南巍峩磅礴周數百里相傳為成湯禱雨之處宋熙寧九年請雨有應宣和七年命有司奐而新之自是而湯之廟祀遍一邑焉山之麓有聚落曰峪村中有湯帝行宮創建之始莫詳其人雖屢經重修而既卑且隘曷稱王居兼之上漏旁穿弗障風雨瞻禮者咸以為未便有李君福興鄉之善士也敬備盛饌邀請村眾意欲擴而大之僉曰茲舉誠善無如基址已足旁無隙地眾亦無所施其力李君曰是何難哉即與胞弟元興共施正三殿地基壹塊慨然以興修為己任而村之居民亦多樂助之於是沠定管錢糧社首狗枝李君普榮李君芸台李君發祥李君等收錢糧社首晉春李君林台李君聚義李軒泰李君等修工社首開枝李君晉環李君晉端李君天臺李君聚秋李君聚根李君聚和李君宗柏李君等蠲吉興工將正殿撤去移後丈餘棟宇之宏階室之廣三倍厥初複建兩旁翼室六間東祀馬王神西祀高禖神所費錢糧照家照社積蓄工興於道光七年七月初九日至九年十月吉日落成焉李君福興等述其巔末丐餘一言為記余以為李君倡義於前眾執事協力於後其心可嘉其功均不可泯俾勒諸石以告來者

儒學生員畢允中沐手撰並書

大清道光十年七月初一日李福興等仝立石

【考述】

勒石於清道光十年（1830）七月。現存於駕嶺鄉南峪村成湯廟內，圓首青石碑，通高171釐米，寬65釐米，厚13.5釐米。畢允中撰文並書丹。碑記道光七年南峪村擴建成湯殿宇事。畢允中，儒學生員，里籍不詳。（圖七九）

修建舞樓雲房碑記

【碑文】

修建舞楼雲房碑記

從來社功之修舉在通都大邑則易在鄉隅僻壤則難非鄉民不若邑民之樂善也地瘠民貧既無商賈之集人咸耕田自食又無力募於他方苟非有慷慨者倡義於前公慎者司事於後其何以新廟貌妥神靈垂功於社宇哉吾於邑南之峪村有取焉村在析城之麓居民僅百餘家中有成湯廟年深日久弗蔽風雨雖屢經重修亦祇補

敝塞罅而已從未舉院宇而全新之本村李君福興於道光七年七月始議興工将正殿移後丈餘院宇既潤雲房舞楼遂綽有餘地豈可坐視其卑隘而不為振理哉於是李君復總領其事仍舊舉收□錢粮社首晉春李君秌臺李君聚義李君軒泰李君等修工社首開枝李君晉鐶李君晉端李君天臺李君聚秋李君聚根李君宗栢李君等掄材鳩工大興厥役至道光八年臘月底工未及竣□錢粮不敷八年九年老社秌臺李君聚忠李君寶興李君法昌李君復舉收錢粮社首折枝李君靈臺李君聚書李君思鄞李君等每壹分社收錢叄仟文至九年八月十五日遂落成焉計創建上院東西雲房十貳間重修下院東西雲房十伍間並舞楼大門亦皆撤舊焕新又創修下院東角房廟外西北馬房九間所費錢粮除捐輸外照家照社□積遊其中者見夫棟宇輝煌規模宏整與向之既卑且隘者異矣李君福興等述其始末丐余誌之余固非能為文者但峪村蕞爾微區而振興社功輸財者好善不吝司事者協力同心其功豈可泯哉爰勒諸石以垂不朽云十年老社李章台李聚慶虔誠擇吉於二月二十四日謝土酬神舉油蜜社首晉瑞李君聚傑李君法泰李君呈祥李君等收錢粮社首潤枝李君全興李君路娃李君法元李君等

共花費錢貳佰叄拾柒仟伍百叄拾文

候選儒學司訓楊卿雲沐手撰並書

大清道光十年七月初一日總領李福興等仝立石

【考述】

勒石於清道光十年（1830），今存峪里村湯廟。圭首青石碑，高220釐米，寬75釐米，厚17.5釐米。下有碑座，長75釐米，寬45.5釐米，高19釐米。楊卿雲撰並書。碑記李福興等於道光七年至十年修建峪里村湯廟舞樓雲房事。保存完好。楊卿雲，候選儒學司訓，里籍不詳。（圖八〇）

拓寬湯廟通村道路施地碑

【碑文】

峪裡村舊有湯帝行宮地基甚隘福興李君等曾倡修其功展拓其基廟碑顯然可考第廟中通村之路日久易累狹不可行今年春福興君之子希祥元興君之子毓祥復施地基若干帮修成寬路一条徃来甚豁也况峪村大路通駕嶺亦漸就傾圮不可不修社中因决計修整希祥君復施钱一千文功成例勒諸永久云

廩生宋孔潢謹書

老社　李小倉　李法全　李殿元　李景祥

修路社首　李来順　李宗和　李小永　李兆祥

　　　　　李聚忠　李鎖住　李青山　李小燕

咸豐元年四月十七日立

【考述】

勒石於咸豐元年（1851）四月十七日，現存於駕嶺鄉南峪村湯帝廟，長方形青石碣，長51釐米，

寬30釐米。宋孔潢書，碑記咸豐元年（1851）李希祥、李毓祥施地修路事。保存完好。宋孔潢，廩膳生員。（圖八一）

駕嶺鄉暖辿村成湯廟

重修湯王廟記

【碑額】
高廟碑記

【碑文】
重修湯王廟記

崇薰里君顯李永貴書

盖謂神依人而血食人敬神而知禮神人之相須久矣成湯行宮析城威靈恃盛封頭地依析麓尊尚獨隆神靈□赫廟貌数修者宜也但比年日舊風雨時催其所以換故而更新者無人修也衆社人等共議牟薦南崗張登爲首奮然以爲之起自隆慶三年八月十七日補修正殿二座六間創立牛王子孫五道舞亭廊房二十間成於萬曆元載秋九月□□廊廟已完聖像更新創立聖水一道置賣什物等項俱完以今視昔大不同矣南崗之功不爲小矣何也盖土木之事自古爲難加以鄉村遙野居民稀散糾領集一朝夕慵工披衣而□修至四載成績是人得以祭其神而神亦享其祭神人各得其所矣其功豈小哉嗟夫功献而人亡深可悲也不勒碑刻名誠可歎也幸慶男張鵬程繼父之功念父之苦同西□郭朝興將緣薄照帳修碑刊記玆落成也神人胥慶多福將臨因而表之固宜今爲喜談而樂道

嘗隆慶三年八月十七日修廟社首 郭子寶 張 登 邢子連

丹青 王 鈞 喬世英 王 校

□匠 王守義 王漢林

催工鳴馬 閤友□ 高小良

僧人 李 師 王如千 楊滿湖

計開外村庄施捨糧数

神南莊許堂施穀豆五斗 南圪塔庄張金穀豆四斗檁一根 張文穀二斗椽二根 郭守孝豆二斗

封頭里南圪塔□□通等施穀一石四斗 趙山施穀豆七斗

張祥檁一根□□ 張應富穀四斗檁一根 郭守道豆二斗

下□里茹家河□□茹世金等施穀一石 李重□穀豆三斗 張信□穀八斗□一根 張應才穀二斗 □□□郭應□麥二斗

178

刘福庄衆人施穀九石　谷里村李鳩□□二斗　張□□椽二根穀二斗　張應先豆一斗　郭守憲麥一斗

河北里田□□施穀五斗　□□□二斗　張□檁一根穀一斗　張應倉穀三斗　郭守祖麦一斗　通濟廟□□施穀五斗　□□□□□　張□檁一根穀一斗　鄭文周椽二根豆一斗　郭□艮麦一斗　□□□□□施穀一石　□□□□□□□□□□□張應金穀一斗　□□□施穀麦三石三　□□□□□□　□□□□□□□□□□□大麥四斗　□世辰穀一斗　□□□□□□□□□□□□□□□□□□□□大麥一石二斗（以下漫漶不清）

𧊀皇明萬曆歲次甲午年夏□□□
總社首□里張鵬□□

【考述】

明萬曆二十二年（1594）勒石，現存駕嶺鄉西宂村湯廟。圓頭青石碑，高180釐米，寬73釐米，厚23釐米。李永貴撰書。碑文敍述西宂村湯王廟補修正殿、創建側殿、廊房、創建舞亭事。工始於隆慶三年(1569)八月，竣於萬曆元年（1573）秋九月。二十多年後，刊立此碑。碑平臥於廟院當中，後部漫漶。李永貴，字君顯，陽城崇薰里人，生平不詳。（圖八二）

重修成湯碑記

【碑文】

重修成湯碑記

析城山高神廟蓋吾陽邑之勝地也舊有佛殿三間成湯聖帝三間並居一院不知始自何時及考重修碑記迄今百有餘年矣但年久日遠風雨漂零殿宇傾頹神象剝落春祈秋報咸不便於入□□者未有不目觀而心傷者也旧歲六村公舉張□□議曰重修廟宇閤社村庄不一难以修理為工劳浩大獨力難成張□如是布虔秉公偶引善士舉薦管理社首邢順郭□□□仲懷郭從合王奉祥商之□□□□文朗李文金趙澤許奉保郭□來□□軒李泉張文柏等□社夏秋二季各照石斗升□□□□□□□□錢粮置買磚瓦木植各工匠使用其□□工但在社分于乾隆三年開工重修大殿三間將佛象移于乾地方□粧画神象鳩工庇材不□有金碧輝煌而神殿遂然一新矣□非神明有感人心□□亦□能告成如是之□□□□工成之日囑余作记余雖不敏不能□□□于萬一但聊作俚言以垂諸公之善於不朽云

　　□□王訓書撰

　　　修理社首（姓名漫漶）　　　　仝立

𧊀大清乾隆十三年戊辰梅月吉旦立石

【考述】

清乾隆十三年（1748）勒石，原在駕嶺鄉西宂村湯廟，現碑已不存，唯山西師大戲曲研究所存

有拓片。王訓書撰，行書。碑記清乾隆三年移佛像於乾方重建正殿三間事。王訓書，生平里籍不詳。（圖八三）

固隆鄉澤城村成湯廟

重修成湯聖帝神廟記

【碑文】

重修成湯聖帝神廟記

賜進士出身中憲大夫河南穎川道兵備副使賈之鳳譔

鄉進士辛卯科文林郎山東陽信縣循良知縣張志芳書

古濩澤縣天寶間遷東首□改爲澤州由衙道土地祠前居民建立湯帝祀焉蓋有年矣其開基始於皇統至永□石立記歲六十重修焉分殿東廂房至東行廊舞庭屬豆村分殿西廂房至西行廊端門屬澤城一時改造煥然□目獨舞庭稱最然先民立祀之意未能盡窺而大約莫過祈福禳災有俦（禱）即應爲歲田雨澤十有其半也噫聖德若帝湯堯舜而下□多得也而自新新民至矣盡矣説者曰惟聖格天惟天眷惠七年之旱胡爲乎未哉乃時數使然於德何累常時俦雨桑林以十事自責方畢而大雨沛然矣人有東平浙城□亦屢俦屢應□哉濩澤之祀有由然也無奈年深日遠時異世殊而風雨摧殘者不一而廟貌焉保不壞乎時窗戶側者有之墙簷頹者有之儂自童而過之一見一嘆息焉有能重義施財者誰有能倡義舉而甘心爲首者誰有能勤苦不辞而樂於興作者又誰惟見蛛網橫垂堦草任綠狐踪兔跡雀噪鴉啼恒積吾鄉之左者悲哉爾耒鄉中名國印孫姓者與景凰高國忠劉尚寧樊共爲夥於向善動以作好□爲志他日信步聖□居□其毀敗乃憫然不悅曰國重農務農事敬天未有知敬天而敢於慢神社者況吾鄉舊爲縣居而忍聖□之壞任壞而不更者誰之過乎嗚呼善友劉高樊議之約日定期明告村瞳同爲盛舉沿門化布文錢不私且□□勞苦□□不惜而三五年来一修佛殿子孫祠立聖像繼修西行廊端門再修五虎殿磚石整固朴而不華□□古尚儉之風耳雖然盛事爲於衆力義舉成於夥施向非□之倡率高之圖謀樊劉之奔走烏能成耶烏能成之□耶□貌一新煥然可□不惟壯一方之觀瞻而有功於□聖則大矣矧於先民立祀之意亦不少負功完□□□□□余余因欣然爲之以是爲記云

峕萬曆四十五年歲次丁巳仲冬吉旦

（以下人名不清，略）

【考述】

勒石於明萬曆四十五年（1617）十一月，原在固隆鄉澤城村湯廟中，今不存。唯山西師大戲曲研究所存有拓片。賈之鳳撰文，張志芳書丹。碑記明萬曆四十五年前三五年間澤城村重修湯廟事。文中寫道："其開基始於皇統，至永□石立，記歲六十重修焉"，考皇統爲金熙宗完顏亶年號，由此可知，澤城湯廟應始建于金熙宗皇統年號（1141--1148）。賈之鳳，字儀虞，陽城人。萬曆二十六年（1598）進士，初授正定推官，歷官禮部郎中、穎川道兵備副使、天津參政、陝西按察使。（圖八四）

芹池鎮劉西村成湯廟

創塑聖像之碣

【碑額】
創塑聖像之碣

【碑文】
創塑聖像之碣
本里社學教讀呂日新撰　　李溫書丹
　　盤古初分起立天地清濁二氣清氣上昇圓為天也濁氣下降方為地也天地相合乾坤造化一動一靜動者陽也靜者陰也陰陽而偶配成其三元八卦吉凶之兆中有三才乃人生而最貴始有三綱五常人倫大德之禮起立三皇伏羲神農黃帝人根之祖歷代相傳到今四千餘矣切思本境古跡村名曰劉村鎮名曰則當本鎮蘆水河南有山名曰虎峯臥虎之形山下有泉水羡味二井深淵後唐明宗同光四年改天成元年歲在丙戌因泉勅建此寺名曰靈泉也修寺已後本鎮人民不安因建府君廟宇三清殿堂與寺對衝相壓本鎮人民方息到今數百餘載遠年以來因見廟宇久被風雨推敗倒塌木植朽壞有本社維那首老人劉公字鎬誠心舉意久捨工夫率領本社人等挨次輪流用功重修正殿舞樓三門板棚東西兩廊俱各修理復舊重新切見西殿五穀神牌之位春祈秋報稷是五穀之神五土發生五穀皆氏食土之利養民之道公廣發愿心施捨資財請到本縣丹青王斌創塑聖像三尊正位神農炎帝左位吳王聖帝右位廣禪侯之神自天順八年七月內用功起手至成化元年九月初三日開光工畢從今已後保佑本境年年風調雨順歲歲五穀豐登願保各人家門吉慶人口添增田蚕倍利六畜孳生盈倉穀麥永遠康寧今將本社出備功緣捨財施主花名开列于後
　　大明成化五年歲在己丑季春三月二十五日立石維那首劉鎬
　　本里丹青李兵
　　本寧里石匠王萬刊

【考述】
　　勒石於明成化五年（1469）三月，今存劉西村湯廟中。圓首青石碑，通高123釐米，寬56釐米，厚17釐米。呂日新撰文，李溫書丹。碑記劉西村自天順八年七月至成化元年九月修建廟宇事。文中寫道村中建廟的初衷是與隔河相對的靈泉寺"對沖相壓"，於是廟院規模宏偉，供奉神像很多。從廟中現存的碑碣可知，有三皇五帝、三清、成湯、關聖、府君，還有五穀神、廣禪侯等等，涉及人民生活的方方面面。這是劉西村大廟的特點，也是陽城各里大廟的特點。（圖八五）

創修西湯王殿碑記

【碑文】

盖制度愈造而愈精風氣漸開而漸靡以此信俗易風移之道固關聖教尤賴神靈若護國靈顯王生而為英聲施赫濯沒而為靈神威丕振陰斷陽斷之政善惡彰明伏虎降龍之治山谷肅靜惟茲劉村鎮曰虎峰因村面虎山自創寺後居民不寧特建斯廟爰鎮厥形惶恐遂息粵稽伊始自後唐莊宗同光四年明宗改天成元年歷宋金元明數百年來春秋報賽於此隆祀典焉雖地非名勝而蘆洲圍帶夕陽新漲宛對浙江之潮畫嶂列屏曉嵐虯柏何異崑城之樹獨是廟庭狹隘簷牖粗鄙似非所妥神靈巨觀也村眾目擊輒作傷懷因合辭議舉督工者四人總理厥事每歲老頭社首等經理錢文由是好善者量力樂輸納均攤者照社捐納費用二千餘金功過半矣自辛巳歲筮吉興工革故鼎新首移建正大殿五楹次移建左右二殿六楹創建兩耳房上下十二間又移建東郊禖殿三楹創建西湯王殿三楹又移建拜殿三楹顧此四人者曉夜經營鳩工庀材於上院神宇狹隘者廣大矣粗鄙者華飾矣方欲並下院諸房盡整理之不意忠相原公文勇劉公延李劉公相繼西歸願莫之遂其幸而存惟吾家口載公一人而已噫僅及十年四人亡其三吾黨每念及此忽忽仰天歎息為之潸然出涕以悲以為老者老沒者沒而工難落成矣既複自思今之世无復有善人也斯已矣如其不然也吾何憂焉今國家文治日隆川嶽鍾秀宰社者出念珠可聯璧可合而斯工假手以告竣是吾黨之大幸也而斯人與四君者可以並垂於不朽辛卯新秋予家叔年近花甲痛同事之咸亡憐筋力之疲憊恐負村眾付托之深意故內雖含章而外未丹騰即勒石告止命予為記予曰新以又新無忝前人止其所止無廢後觀繼自今聖德無疆神保是饗吾黨慶太平於乃斯年也可

邑庠生葭村李湘南謹撰並書

大清道光十一年歲在辛卯孟秋之月中浣穀旦

【考述】

勒石於清道光十一年（1831）孟秋，現存陽城縣芹池鎮劉西村。圭首青石碑，碑首高33釐米。碑身高195釐米、寬78釐米、厚14釐米。沙石机凳座，長97釐米、寬48.5釐米、高34釐米。李湘南撰並書。碑記劉村原劉延李四公總理劉西村西湯殿等殿宇重修事。（圖八六）

芹池鎮遊仙村成湯廟

重修成湯廟記

【碑額】
重脩碑記

【碑文】
重脩成湯廟記

竊以神聖之所當□盤古初分治世女媧伏羲凡有村疃廟堂按陰陽二氣取山為勢補脩風水□立庙□凡有疎漏者還要惟首者成□脩理有本村古跡成湯廟至先朝泰和年間重脩至今年久風吹雨洒塌毀社首陳應時陳原剛陳九朋陳子文陳子英陳子祺切見疎漏同心□□善人善捨資財携社人眾搭手成□□成善事共結□緣重脩正殿三補塑湯帝金□聖像関王□□□□□二子孫祠一牛王水草一創立蚕王一香亭一所□房東西兩廊自隆慶歲次庚午仲秋起工至□年完俻□將捨財施主或捨金或捨銀資粟俱各花開碑記共作無為之福果同□□□□善緣永為後代□□□有疎漏一當脩理永為記耳

沁水郎必王貴書

大明隆慶歲在辛未年季冬吉旦立石

【考述】
勒石於明隆慶五年（1571）十二月，今存遊仙村湯廟拜殿中。圓首青石碑，通高160釐米，寬78釐米，厚17釐米。王貴書。碑記明隆慶四年至五年遊仙村重修湯廟事。文中寫道："本村古跡成湯廟，至先朝泰和年間重修"。考泰和為金章宗年號，共有八年，為公元1201—1208年，由此可知，遊仙村在金泰和年以前就已有湯廟。王貴，沁水縣郎必人，生平不詳。（圖八七）

遊仙廟重修碑記

【碑文】
遊仙廟重修碑記

成湯廟者上古以来創建於此歷年久遠風雨漂搖墙垣神宇漸為所毀迨至康熙乙未時值年豐大有人皆歡欣鼓舞少長咸集僉曰村之所恃惟此廟耳廟已毀矣村復何恃於是合社公議舉其總領重修廟貌以成厥功

首脩大殿側殿次脩兩廊角殿次又脩戲台以及舞庭不幾年而廟煥然一新眾皆悅之以為功雖成矣然亦朴而不華又為之油畫粉餙金粧聖像以致觀視之美成先人之所未成創先人之所未創廟建而風俗續功成而人神悅此可見眾人雖殊而心則如一者也但村人之事神也犧牲既盛粢盛既潔祭祀以時凡有求必禱焉而神則自此而格亦自此而饗矣余始感慨　□□敬書其事於石

　　本村陳克敏　譔

　　康熙六十一年十一月穀旦合社

　　五十四年脩正殿總理陳天林　陳□□　張洪生　陳子祺

　　五十五年脩東西總理陳洪孝　陳天□　□□□　陳□□

　　五十年脩南殿總理陳天□　陳洪□　王　忠　陳　□　仝立石

　　五十九年脩中庭墁院總理　陳金龍　陳□順　□　鐏　王□吉

　　六十一年總理油畫陳天保　陳洪柱　陳天丑　陳金鳳

　　【考述】

　　勒石於清康熙六十一年（1722）十一月，今存遊仙村湯廟拜殿中。圓首青石碑，通高157釐米，寬71釐米，厚17釐米。下有沙石座，長87釐米，寬50.5釐米，高28釐米。陳克敏撰。碑記五十四年至康熙六十一年遊仙村重修湯廟事。陳克敏，遊仙人，生平不詳。（圖八八）

芹池鎮南上村成湯廟

南上村大社公修碑記

　　【碑額】

　　修理

　　【碑文】

　　南上村大社公修是廟西廡久頹周圍且多空缺居人久欲修繕而無力至四十年社首薛立本于有水張進弼等始集眾議俾闔社輸財効力起造西廊房柒間又造南角房上下陸間於五十八年八月初九日經始告成社中又有西山廟岩平壹處地土山場東至岩頭根南至楊家山溝長西至堆根界石北至松樹界石四至古跡壹處久失譏察今始獲正疆裏恐人遐世遠工程錢糧與竝地畝仝流於無稽因立斯石以示後外有于戶施山場楊家山溝東至溝南至道西至社北至社尽數

　　康熙五十八年十二月十六日　　社首坊長薛興福　于有渠　張毓標　張保全　張才旺　薛興祥

　　　　　　　　　　　　　　　總領立碑薛進文　張進弼

于吞雲　張　乾
　　　　　　　　住持僧惠　洞
　　　　　　　　石　匠田長継　仝立

【考述】

勒石於清康熙五十八年（1719）十二月，今存南上村成湯廟。碑嵌牆上，圓首青石碑，通高103釐米，寬47.5釐米。無撰書人姓名，碑記康熙四十年至五十八年南上村補修湯廟房舍事，並附帶記及村社地畝及四至。（圖八九）

補修東房並正殿拜殿圪台墁院碑記

【碑文】

補修東房並正殿　拜殿　圪台　墁院碑記

成湯大社古有荒山式處廟崖坪索林坪至古荒蕪並無耕種扵乾隆拾捌年闔村議舉総領頭末于勤張才有薛興隆張廣江張端于満住薛□田將地收管以並稞籽積壘成行泯其不忍茲因□於修理功成完俻同心協力勒石永久云爾　　　　　　　　　住持僧惠　錢

大清乾隆戊寅孟冬之吉　闔社仝立　　　　玉工　衛何應

【考述】

勒石於清乾隆二十三年（1758），今鑲嵌於南上村湯廟東耳殿前牆壁。圓首青石碑，通高104釐米，寬55釐米。似應為住持僧惠錢撰寫。碑記乾隆十八年補修東房並正殿、拜殿、圪台、墁院事，但敍述不清，交待不明。（圖九○）

芹池鎮伯附村成湯廟

重修東廟碑記

【碑額】

重修東廟碑記

邑西六十里村曰伯附古有東神廟湯帝藥王濟瀆三聖之殿自建以来未經重修今有里民刘儉韓從立目
覩聖像垢面不堪甚非神道之雅豈里社所宜者乎欲将神殿重修奈何工程浩大非人不夆非財不濟議者公夆
本廟住持係白澗里吉守禄萬靈觀道人范陽法募化本里善姓男女各捐資財共成善果玆因乾隆元年歲次丙
辰開工修建正殿東西角殿兩廊又于乾隆六年歲次辛酉金粧三殿聖像油畫門窗已今竣事完全勒石垂名永
為不朽

　　　　　總理錢粮助緣刘儉施銀二两　管飯十人
　　　　　　　　妻曹氏銀二錢
　　　　　　　　韓從立施銀三两　子韓山管飯十人
　　　　　　　　妻吉氏銀三錢
　　　　　　　　吉守禄施銀二两二錢　子吉□生管飯二十人
　　　　　　　　妻丁氏銀五錢

　　　　本廟住持募緣道人范陽法熏沐敬撰並書
　　　　　　弟吉陽拴　徒吉□補仝祀

　　　旹大清乾隆陸年歲在辛酉孟秋穀旦合社仝立

【考述】
　　勒石於清乾隆六年（1741）七月，今存伯附村湯廟。圓首青石碑，通高173釐米，寬67.5釐米，
厚21釐米。范陽法撰文並書丹。碑記乾隆元年、六年伯附村重修並金裝東神廟湯帝、藥王、濟瀆三聖
之殿事。范陽法，原為萬靈觀道人，後為伯附東神廟住持。（圖九一）

芹池鎮羊泉村成湯廟

琉璃紀事碑

【碑文】
竊以廟宇久堕建工緣至□□□□□□□□□□□之眼目巍峩自古
湯帝之殿并東西□殿兩廊疎漏三門倒□□□□□白龍显聖王在於村□□□廟宇一所攤捐三□

□□□□三□□□□□□□□□□□神欽（倚）人而血食人敬神而□□□□□□□□□□□□字誠德謹發
虔心自俻□□□□□□□□□□脩玘（葺）至正德六年緣□□□□□□□□□□□□先見工人段敖
劉啓曹南□□□□□□衆人□施錢財工劳重修完俻今將出俻錢□□□□□□□□□□出過錢物人名
（下缺損）蒿谷里吕得（以下人名略）

【考述】

　　勒石似於明正德六年（1511）後，今存羊泉村湯廟中。是一方較為罕見的琉璃紀事碑，碑中剝
蝕一大片，文字缺失較多。從僅存的文字中可以推知，碑中所記為明正德六年前後修建羊泉村中湯廟
事，後列施財捐物人姓名很多。碑似缺失一半。（圖九二）

　　町店鎮桃坪村成湯廟

補修成湯廟碑記

【碑文】

補修成湯廟碑記

　　村南成湯廟由來已久矣歷年風雨飄搖簷頭破壞村眾欲為補葺年景凶荒未易舉事因托鄭君春成於朱
仙鎮募化得錢廿千文又照社均攤錢六十餘文鳩工庀材罅漏補葺月餘而工程畧就茲謀立石僅將事之本未
錢之出入畧敘數語以垂永遠云耳

	聚泰和
義全永	文興斋
萬通玉	益盛永
德源長　各捐錢一千五百文	鄭春成　各捐錢一千文
天興德	德隆久
德成同	建興裕
	三義成

長泰鎮　玉　堂　濟生堂　協恒元　以上各捐錢一千文

萬盛德　永興德　元吉合　以上各捐錢五百文

（以下收支賬目略）

　　　　　　　家珍　　金亢

　　　　　　　調元　　福興

督工劉錦華　何馭鳴　石工李廷福　許如柏

象謙　体仁
丕承　劉先之
光緒二十二年二月上浣之吉立

【考述】

勒石於光緒二十二年（1896）二月上浣。現存於町店鎮桃坪村小學（原成湯廟）院內。此碣鑲嵌於牆壁內，長58釐米，寬38釐米。碑文記錄了募資攤派補修成湯廟事。文中寫道："托鄭君春成於朱仙鎮募化得錢廿千文"，並在碑末刊勒了捐錢字型大小，可見當時有桃坪村人在朱仙鎮經商，桃坪村湯廟的建立借用了外地商人的錢財。（圖九三）

町店鎮中峪村成湯廟

創修碑記

【碑額】

創修碑記

【碑文】

從來功業之興創始難而鄉隅僻壤之區為尤難倘非有經營締造之才負慷慨有為之志不足以成厥功前峪溝白家莊者僻處偏隅去城三十里室不過十人不滿百而皆以力田為務惟社廟久缺每於春祈秋報無以肅昭格而薦馨香誠有不慊于心者興旺白君本莊之好善人也莊人咸與之謀曰遠近村莊各有社廟而吾莊獨缺其何以堪惟公其圖之公曰善哉此舉吾久有此志而未之逮也遂與全湖白君興泰白君興順白君等同心協力倡議興修因以龍王會所餘錢粮十千有奇作為積累之基自道光元年每年秋夏按地畝捐谷與麥營運十年其利十倍不止時值道光辛卯仲春僉曰是工可以興矣於是卜地擇吉鳩工庀材建修正殿三楹繪成湯神像蓋以三時稼穡以資雨澤神曾禱雨于桑林兆民賴之也又修東耳殿三楹塑關聖帝君神像大抵以神忠義千古人所瞻仰蒙庇者也西耳殿三楹塑高禖神像凡求婚姻子嗣者可於斯而請禱焉其南面建舞樓一座庶幾歌舞聖德而神聽和平也舞樓東西修平房六間以為住持居息之地上皆加樓以貯什物祭器安大門于兌方兌屬乎金金旺於秋萬物之所悅也蓋取悅言乎兌之義歟工至此錢粮不繼因暫行停止時壬辰季秋也諸公猶不憚勤勞復積貯數年經營運籌於戊戌之冬興工修拜殿一座又修上東殿一所塑四聖神像以農人飼養六畜蒙神保護也修上西殿一所塑財神像以神職司福祿為民錫祉降祥也又于東西殿下邊修東西平房兩所上加看樓以為同社會集之處於己亥秋告竣蓋興工兩次而始獲成功焉功既成則見夫廟貌輝煌殿宇宏厰內外前後岡弗盡美而可觀莊人囑余為記余惟彈丸僻壤而能成此大功□乎其有經營締造之才負慷慨有為之志矣莊人咸歸美

188

于興旺白君餘曰唯唯然非諸善人共相賛勸亦未能如是之易易也遂頌其功而樂為之記

邑庠生閻華山沐手敬撰受業門人白九齡謹書

撥工飯人白　瓚　白明玉　白純齡

總領社首白興泰　白興旺　白全湖　白興順

執年社首白興順　白永泉

玉工張銳中

峕大清道光二十四年歲次甲辰仲春吉旦

【考述】

勒石於清道光二十四年（1844）二月，今存中峪村白家莊湯廟正殿西側。圓首青石碑，通高177釐米，寬70.5釐米，厚16.5釐米。下有沙石座，長87釐米，寬44.5釐米，高41釐米。閻華山撰文，白九齡書丹。碑記清道光十一年（1831）至十二年，道光十八年至十九年中峪村白家莊兩次興工修建莊中湯廟事。閻華山，邑庠生，生平里籍不詳。（圖九四）

次營鎮陶河村成湯廟

重修成湯大殿關聖大殿碑記

【碑文】

重修成湯大殿關聖大殿碑記

樂之作也黃帝始黃帝堯舜垂衣裳而天下治厥功懋哉而後世除帝王廟外春秋享祀以□□食□□□□□□蒼梧獨存舜塚降而禹平水土萬世永賴惟會稽龍門有禹廟成湯遭大旱其亢陽者□年□責六□□□注應處則在我陽邑之南桑林之野故吾陽祀湯帝者不可更撲敉雖深山蜜林居民鮮少而衣食□□□□□□春祈秋報靡不景仰乎有商公邑四拾里淘浴河建廟祀神亦猗那是奏世俗之樂宛然商頌□□□□□□臭味未成滌蕩其聲樂三闋然後出迎牲然則己未季拾貳月三拾拆除上架社長揔領眾發誠心□□潤□□增而新之于庚申年三月二十四日服上華梁東看楼外者五尺共上下拾貳間又換東南角戲楼連大門上下六間改建東北角五瘟山神殿其內在社育捐輸姓氏不可以不記故囑余以不律記扵哉也

本寺僧會司妙荣題孫玄德書

本村信士梁門田氏同子梁安宅施東看楼後地基五尺

懷邑河內縣寬平村同盛號施銀式兩　梁廷科施砑式百個

乾隆五十七年春季改換成湯大殿關聖大殿

揔領社首梁廷科　畢自立　梁廷欽　王日近

督工社首梁滿強　趙永章　梁滿邦　張滿忠　梁滿號

錢粮社首梁滿溫　畢迎廷　衛國詩　梁滿山　梁安宅

共神分四十九分零十二畝共收錢玖拾仟零六百五十二文所有錢量短少使新五尊神盤錢玖仟玖百文立碑使钱三千四百文

當大清嘉慶玖年三月二十五日

揔領社首梁廷台　王從典　梁滿盈　畢　孟　仝立石

玉工毛煥孝　郭金積

【考述】

勒石於清嘉慶九年（1804）三月，今存陶河村湯帝廟正殿東側牆壁中。圓首青石碑，高168釐米，寬66釐米。本寺僧會司妙榮撰文，孫玄德書丹。碑記嘉慶四年（1799）十二月至五年三月陶河村重修成湯大殿以及乾隆五十七年春季改換成湯大殿關聖大殿事。（圖九五）

西河鄉中寨村成湯廟

重修成湯廟碑記

【碑額】

重修湯王廟記

【碑文】

重修成湯廟碑記　　　　邑學庠生陳柱國撰

余嘗為儒士之時切聞業師有云人有立功于一時興利於一邦者後世猶追而祀之矧余有商成湯矣於亳邑遭桀矯誣□舉義旗回□桑林□萬民暑渴宏勳偉烈方之一時一邦者豈啻天壤也惟余陽城密邇亳都沾恩尤甚故其境內在在創建廟宇繪塑聖像春秋四時以享其報也茲者□□□成湯聖帝廟耆老相傳得知建於大元中統年間大殿三楹東耳佛殿三楹西耳廣禪侯殿二楹三皇殿三楹居乎兌地武安王並□錫殿各一楹在於震方兩山棚十楹三門舞樓各三楹俱世降時殊苦於風雨摧剝殿宇傾頹以致聖像墮毀有本社眾社首等憫其顛覆憐其欹圮遂議舉□社首時一十四人同心誓眾願為修葺迺鳩梓匠陶工造作磚木繪雕聖像使傾頹者儼然聳樹墮毀者煥然鮮明俾往來瞻者靡不起敬然起工于癸卯季夏告成于辛亥孟秋工完勒石記緣眾社首等謁余為文余在□間敢卻之不敘其由而成記以徼示後乎於是乎誌

社首琚仲文　崔　謙　崔　春　琚永豐　馬尚本

崔登朝　馬孟冬　崔良彥　張思貴　張承恩

崔良心　琚　豸　琚仲香　崔鳳耈書

崔時英篆額

萬曆三十九年七月十五吉日重修　　白澗里石匠鄭永家刊

僧人惠興

道人郭淨洽

【考述】

勒石於明萬曆三十九年（1611）七月，今存中寨村成湯廟東耳殿前牆壁中。圓首青石碑，高144釐米，寬56釐米。陳柱國撰文，崔鳳耈書丹，崔時英篆額。碑記明萬曆三十一年至三十九年中寨村重修成湯廟事。文中寫道，村中成湯聖帝廟耆老相傳“建於大元中統年間”。考中統為元世祖忽必烈年號，“中統年間”為公元1260—1263年，當時蒙古兵早已佔領澤州，但還未改國號為元。從“元中統年間”創建，到明萬曆年晚期重修，已時隔300多年。陳柱國，邑庠生。（圖九六）

補修殿宇增修神閣並白龍宮塑像序

【碑文】

補修殿宇增修神閣並白龍宮塑像序

凡事有創者以開其先即賴有因者以繼其後況作善降祥積餘慶尤見天道之福善乎中寨村大廟其創建莫稽其始然歷年久遠檐角圮頹丹青垂滅村之人皆以不整齊為憾值戊午宰社慨然有志重修遂公舉督工十二人共勤厥事使費則照社均攤捐輸則任人樂施約於己未春鳩工庀材凡殿宇之殘缺者補之罅漏者修之各殿之內增修神閣未及秋而木工告竣丹膯一新又有大廟西之白龍宮並欲塑像補葺而因限於年景之歉薄與庚申歲之更換聖水未得與大廟同年改觀矣越辛酉始恭塑神像補葺修理復於大廟外之西南建更房二間以為巡秋巡夜之所是舉也燦爛唐皇不惟神明之靈爽有以安亦且諸君之獲福有以異不然己未歲之秋禾邑中大抵青乾胡以是村收穫獨有十之三四乎諸君固可謂勇於為善之士而亦正可徵作善降祥積善餘慶之說也敢竭鄙誠恭疏短引至於捐輸姓字出入錢文均應書左

邑庠生　崔富春沐手撰並書

旹大清咸豐拾壹年歲次辛酉孟夏吉旦

【考述】

勒石於清咸豐十一年（1861）四月，今存中寨村湯廟正殿東山牆。方形青石碑，高190釐米，寬75.5釐米。崔富春撰文並書丹。碑記嘉慶九年春至十一年春中寨村補修殿宇增修神閣並白龍宮塑像事。崔富春，邑庠生，里籍不詳。（圖九七）

演禮鄉上清池村成湯廟

滿廟成功碑

【碑額】

滿庙成功碑

【碑文】

上清池合庄創建社庙原非一時能就始自康熙五十四年先蓋小堂殿一座篤設神位畧伸献享每遇天雨無地存立西边溝壑險阻爰舉糾工領袖張針張昇家張□□郝瑞呂有福郭还用力包煞填補雍正六年首領郝全章呂景全張还張印起郭亭張禄加修理西山棚上□一十七間雍正十年首領張鐸郝荣章郭奪張印井張起家呂有成修理東山棚門楼南戲臺斯時也正殿嫌其褊小低微乾隆十年首領張昇家張印汧呂有福郭□張印实郝引德從新起蓋高聳闊廠並東耳殿一所復舉首領張印強呂有興張興加郭立田張印江郝喜德粧塑成湯聖像關帝聖像油画兩殿本庄舊有高祺尊神原像在佛堂西殿又有牛王四聖並列於北嶺山神坐落既非其地祭祀又甚不便議舉乾隆二十年首領郭環郝廣張万頃張洵張蔚呂滿荣改造西北二殿粧塑聖像兩堂油畫本殿及戲台兩廊上下煥然更新輝煌燦爛光明照曜人人穫長寿之嗣威靈昭感牲畜蒙苗壯之恩非徒曰靡麗紛華實亦神妥像聊尽誠敬之心云爾是為誌

　　舉意蓋小堂殿首領張芳張印魁張成家郭印呂有進郝福
　　北殿地基係張芳捐輸南台地基係張三潤捐輸永為社地
　　　　　　木匠張福重董富太王守乾
　　　　　　石匠周宗義
　　　　　　玉工白有金仝弟有銀
　　　　　　画塑暴興喬整喬田
　　峕乾隆二十年十一月朔日之吉合社公立石

【考述】

勒石於清乾隆二十年（1755）十一月，今存上清池村成湯廟大門裏東牆上。圓首青石碑，通高158釐米，寬64釐米。無撰書人姓名。碑記清康熙五十四年、雍正六年、雍正十年、乾隆十年、乾隆二十年，上清池村歷年修建補葺成湯大廟事。（圖九八）

補修碑記

【碑額】

補修碑記

【碑文】

興工難興社工為尤難以社而興補修之工為更難何謂興工難蓋興工之始非度地之非宜即謀局之未當一時之措施失策百年之遺憾存焉縱籌畫咸宜而或地基之不湊則工亦欲興而不可得此所謂興工難也何謂興社工為尤難蓋社工之興必人心齊人力至率皆尊理畏法而□□□□□易好難齊者人心畏縮逡巡難至者人力且或倚勢以橫行誰其尊理而畏法乎故曰興社工為尤難也何謂以社興補修之工為更難蓋一家補修一人可以主之補修曰社吾知有以仍舊為善者即有以更新為美者仍舊者難如更新者之意更新者不合仍舊者之心相爭不決而補修之念息矣故曰以社興補修之工為更難也雖然難易亦何常之有不得其人則易者亦難苟得其人則難者亦易如上清池社非興補修之功者乎適道光二十三年廟中高禖神西殿三間上修看楼三間通外廟連修楼房二間又于外廟東南角修耳殿三楹而且塗以丹艧施以五採金粧高禖神像曆四載而煥然一新督工者誰詢之則亦此三人焉噫異矣以社工之難興如彼而茲之補修乃竟若斯之甚易斯固神力之所攸夫亦人力所由成雖云補修之末事無異創建之宏功也不有三人功何若斯之易興哉則余所謂苟得其人而難者亦易洵非慢為是言也茲當告竣爰敘數語以記其始末云

　　　　　邑士子謨李丕顯撰書

　　大清咸丰四年岁次甲寅仲冬谷旦

　　修工头末吕存魁　郭進疊　张士彪　仝立

　　石匠李有最　木匠吕存泰　住持惠　塤

【考述】

勒石於清咸豐四年（1854）十一月，今存上清池村成湯廟大門裏西牆上。圓首青石碑，通高159釐米，寬67釐米。李丕顯撰文並書丹。碑記清道光二十三年（1843）至二十六七年間上清池村補修成湯廟事。李丕顯，字子謨，生平里籍不詳。（圖九九）

創修下寺坪成湯殿記

【碑額】

碑記

【碑文】

創修下寺坪成湯殿記

盤亭山有千峯寺為後唐明宗所敕建亦吾陽邑之勝地也寺之東南地頗平坦即名曰下寺坪從前未有廟宇止有舞楼一座創于乾隆丁未年每逢春祈秋報書一神牌殊非所以敬神明也自道光二十九年山庄居民皆欲興修因議舉社首數人鳩工庀材創建廟宇一院正祠為湯帝殿東北関聖殿西北高禖殿東廡龍王殿西廡六瘟殿所費貲財屢年照社均收工始於道光二十七年其間或作或休落成之日是為咸豐之十一年今工已告竣諸君將勒石囑余為文以記之余因憶数年前曾遊盤亭經過其地彼時工尚未完備余駐馬久之見萬叠雲山一湾流水田耕陌上犢牧溪邊山中之人安居樂業真絕勝之塵寰也夫僻處山庄居民鮮少而竟同心協力告厥成功如此將見神降之福人和年豐而深山之中居然為樂土也於是乎記

邑庠廩膳生員郭玉珩沐手撰文

覃懷河邑商人王守誼沐手書丹

大清同治二年仲秋桂月上浣之吉穀旦

【考述】

勒石於清同治二年（1863）八月，今存下寺坪村湯廟正殿前。圓首青石碑，通高122釐米，寬53.5釐米，厚16釐米。郭玉珩撰文，王守誼書丹。碑記道光二十七年至咸豐十一年下寺坪村創建成湯廟事。郭玉珩，陽城人，邑庠廩膳生員。（圖一○○）

横河鎮黃堂圸成湯廟

創修成湯廟記

【碑額】

碑记

【碑文】

創修成湯廟記

聖王坪南門河黃堂圸大石龕有神水之泉新修成湯殿壹座係三小楹左黃龍白龍右黑龍風神規模編小間架窄遲且乙未修盖傾頽木石于是社首等目覩情傷慈心勃發慨然出首率領左右居民量力輸貨鳩工庀材宏大殿宇金粧聖像徃來行人仰瞻廟貌自竟煥燃改覌因將施財姓氏並督工人等開列于後誌姓傳名以垂永久不沒爾

大清乾隆崴次戊戌季閏六月二十四日立石為記

【考述】

勒石於清乾隆四十三年（1778）閏六月，今存南門河黃堂圸大石龕下湯廟中。圓首青石碑，通高111釐米，寬51.5釐米，厚12釐米。無撰書人姓名。碑記清乾隆四十年南門河黃堂圸周邊村莊曾在大龕下新建湯廟三楹，四十三年又擴大規模重新修建並金妝聖像，使廟貌煥然改觀。（圖一〇一）

創建重粧碑記

【碑文】

創建重粧碑記

嘗聞析城山前南門河黃堂圸大石龕古有成湯行宮聖地析水流其北雲濛屏其南望之高峰翠栢必力千仞宛居天際盖吾邑之勝境也晴日則禱吼蒼松陰雨則雲生碧嶂真不啻神靈之稅駕也從來廟宇者以妥神靈之處村中捐資斟脩者以祭祀之地以我朝嘉慶乙亥年真人大顯神光感動四鄉中善男信女跟山還願有求必應無不從也今據執年社首公舉督工社首樊子恒梁寧寶郭法成邢從泰趙子福與闔社同心創建正殿三楹道德真人藥王孫真人□侯尊聖工已告竣廟宇重新神人胥悅百古流芳永垂不朽云

大清嘉慶乙亥年六月初四日吉旦

【考述】

勒石於清嘉慶二十年（1815）六月，今存南門河黃堂汕大石龕下湯廟中。圭首青石碑，通高101釐米，寬52釐米，厚14釐米。無撰書人姓名。碑記嘉慶二十年南門河黃堂汕周邊村莊重建湯廟並在廟中建道德真人藥王孫真人□侯尊聖神祠事。（圖一〇二）